호주와 중국의
예정된 전쟁

ME NI MIENU SHINRYAKU MIENAI TE FUKUDOKUHON
Copyright ⓒ Masashi Okuyama 2021
Korean translation rights arranged with ASUKASHINSHA INC.
through Japan UNI Agency, Inc., Tokyo

이 책의 한국어판 저작권은 유니에이전시를 통해
저작권자와의 독점계약으로 미디어워치(미디어실크)에 있습니다.
저작권법에 의해 한국내에서 보호를 받는 저작물이므로
무단전재와 무단복제를 금합니다.

[일러두기]

이 책의 부록에 수록된 내용은 원서인 일본어판에는 없는 것으로, 클라이브 해밀턴, 오쿠야마 마사시, 「겟칸하나다」, 「보이스」 측으로부터 각각 특별 허락을 받아 한국어판에 독점 게재하는 것입니다.

미디어워치 세계 자유·보수의 소리 총서 ❻

호주와 중국의 예정된 전쟁

오커스(AUKUS) 군사동맹의 배경은 무엇이었나

「目に見えぬ侵略」「見えない手」副読本

「겟칸하나다(月刊Hanada)」 편집부 집필
오쿠야마 마사시(奥山真司) 감수 / 신희원 번역

미디어워치

목 차

추천사 – 6

시작하며 – 16

제1장 타깃이 된 호주
① 호주를 일깨운 한 권의 책 – 24 / ② "후원금은 젖줄"이라고 큰소리치는 중국계 대부호 – 27 / ③ 왜 호주가 타깃이 되었는가 – 34 / ④ 베이징 밥 – 군사력보다도 중요시되는 공작 대상 "중국의 벗" – 37 / ⑤ 중국 출신의 호주 망명 외교관 천용린은 무엇을 말하는가 – 42

제2장 매수된 국토와 사회
⑥ '네 가지 부덕'으로 협력자를 엮는다 – 46 / ⑦ 대학을 감시하는 중국인 유학생들 – 49 / ⑧ '반공 시위'를 사유로 정학 조치, 호주 현지 학생의 우울 – 52 / ⑨ 차례로 매수되고 있는 호주의 항구 – 55 / ⑩ '중국의 밭'이 되어가는 호주의 농지 – 58 / ⑪ 자유자재로 쓰이는 '외교 카드', 중국인 관광객 – 61

제3장 반미 감정을 이용하다
⑫ "미국이야말로 어떤가"라고 말하는 사람은 중국의 인권 상황에는 침묵한다 – 66 / ⑬ 반미감정, 반트럼프감정을 이용하면서 각국의 정치인을 돈으로 무너뜨리다 – 69 / ⑭ 브레이크 없는 유엔(UN)의 '중국화' – 75 / ⑮ 중국과의 '무역 협정'에 주의하라! – 78

제4장 중국식 글로벌화에 유리하도록 만든다
⑯ 군·민 융합기업의 상징, 화웨이가 세계를 이끈다 – 82 / ⑰ 국제 금융은 중국 공산당 최고의 먹잇감 – 88 / ⑱ 중국 기업은 모두 공산당 조직이다 – 91 / ⑲ '일곱 가지 수단'으로 상대 국가를 마음대로 조종하는 중국 공산당 – 94 / ⑳ 달라이 라마를 만나면 경제 제재를 받아 대중국 수출이 감소한다 – 97 / ㉑ '서양병'의 감염을 막는 중국에서 '일곱 가지 큰 죄'는 이것! – 100

제5장 베이징의 사상 투쟁과 언론

㉒ '중국에 저항할 수 없게 되는' 순환 – 104 / ㉓ 국제 여론을 자기 뜻대로 좌지우지한다 – 109 / ㉔ 위협받는 것은 '인권' 그 자체 – 114 / ㉕ 위험 분자에서 쓸만한 카드가 되어버린 화교 – 중국 공산당의 화교 정책 – 117 / ㉖ 인터넷 공작과 화교가 뒷받침! 중국 공산당에 '외국'은 없다 – 120 / ㉗ 공산당과 찰떡궁합인 고도 기술 감시 사회 – 123 / ㉘ 언론과 기자의 약점을 찌르는 자금 제공과 접대 여행 – 126 / ㉙ 중국이 해외 언론에 쓰는 '당근과 채찍' – 129 / ㉚ 전세계에서 언론의 자유를 위협하는 중국식 신질서 – 132

제6장 대학과 지역을 마음대로 조종한다

㉛ '천 개의 모래알' 계획 – 농작물 서리에서 사이버 범죄까지 저지르는 마이크로 스파이들 – 136 / ㉜ 호주 전국의 전기가 사라지는 날 – 139 / ㉝ '호주 자국과 동맹국의 병사를 죽이는 무기' 개발에 협력하는 호주 대학 – 142 / ㉞ 대학 내에 마련된 중국 공산당의 공작 기관 '공자학원' – 145 / ㉟ 문화도 중국 공산당의 '전쟁터'로 변하다 – 148 / ㊱ 지방에서 중앙을 포위한다 – 마오쩌둥 전략의 국제적 실천 – 151

제7장 일본이 명심해야 할 것들

㊲ '역사 카드'로 철저하게 공격하는 수법 – 156 / ㊳ 미국을 따돌리고 세계 제일의 대국이 되려는 중국의 '일대일로' 전략 – 159 / ㊴ 일본은 어디까지 '침략'당했는가 – 163 / ㊵ 코로나19로 가속화된 '중국의 일방적 승리' – 166

마치며 – 170

부록

[부록1] 『중국의 조용한 침공』 일본어판 서문 – 178
[부록2] 클라이브 해밀턴, 「겟칸하나다」(2020년 8월호) 기고문 – 183
[부록3] 『보이지 않는 붉은 손』 일본어판 서문 – 200
[부록4] 오쿠야마 마사시의 클라이브 해밀턴 인터뷰 – 206

찾아보기 – 223

추천사

호주(오스트레일리아)는 영연방 국가 중에 하나로, 1950년에 한국전쟁이 터지자마자 유엔군으로서 육군과 해군, 그리고 공군을 모두 파견해줬던 대한민국의 우방국 중에 우방국이다. 당시 호주군 연인원 17,164명이 참전했으며, 이중 340명이 사망했고, 1,216명이 부상당했다. 사망자 중 상당수(281명)는 지금도 부산 유엔기념공원(묘지)에 묻혀있다.

이런 호주가 중국 공산당이 음험하게 펼쳐온 정·재계 및 학계 등 침투·전복 공작 문제 때문에 최근 몇 년간 무척 시끄러운 상황이다. 중국 우한의 코로나19 발생원에 대한 호주 측의 공식조사 요구, 한국에 요소수 파동까지 일으킨 호주와 중국 사이의 수년에 걸친 심각한 무역 갈등, 그리고 오커스(AUKUS)로 대표되는 호주·영국·미국 안보동맹 구성 등이 그냥 일어난 사건들이 아니고, 실은 그 이전에 매우 복잡하고 심각한 배경이 있었던 것이다.

중국 공산당의 호주 및 세계 영향력 공작 문제를 공론화시키며 관련 서방세계 최고 이론가로 주목받고 있는 학자가 바로 호주 찰스스터트 대학 교수인 클라이브 해밀턴(Cilve Hamilton)이다. 그의 관련 저서 『중국의 조용한 침공(Silent Invasion)』과 『보이지 않는 붉은 손(Hidden Hand)』은, 2021년 상반기에 한국에서도 번역 출간돼 베스트셀러가 됐

다. 다만 방대한 분량과 생소한 소재로 인해 높은 책 판매량 대비 한국 내에서 지식인사회, 시민사회의 논의는 그만큼 활성화되진 못한 느낌이다. 일본도 마찬가지였던 모양인지, 그 아쉬움으로 클라이브 해밀턴의 원저들을 새로이 재정리하여 풀어쓴 해설서가 출간됐다. 이 책 『호주와 중국의 예정된 전쟁』(원제 : 「目に見えぬ侵略」「見えない手」副読本)이다.

중공의 세계 패권 장악 기도 문제는 2010년대부터 국제 사회에서 큰 화두가 됐고, 그래서 주로 미중패권투쟁의 맥락에서 이를 논하는 책들은 국내외로 그간에 많이 나왔었다. 그리고 중국 공산당의 해외 스파이 공작 문제에 대한 논의도 그동안 없지는 않았었다. 하지만 특정 국가에서 중국 공산당이 과연 어떤 침투·전복 공작을 벌이는지를 포괄적으로 다루는 시도는 거의 없었는데, 클라이브 해밀턴의 저작들이 큰 주목을 받게 된 것은 바로 그 시도가 출판 영역에서 이뤄진 최초의 경우였기 때문이다. 그의 저작들에는 중국 위협론을 경시하다가 결국 "마피아 두목 돈 콜레오네 앞에 선 보이스카우트 대원" 신세가 되어버린 호주와 북미, 유럽의 적나라한 실상이 담겼다.

이 책 『호주와 중국의 예정된 전쟁』은 클라이브 해밀턴이 『중국의 조용한 침공』과 『보이지 않는 붉은 손』에서 쟁점화한 중국 공산당의 호주 및 세계 침투·전복 공작 문제를 총 40가지의 테마로 새로이 분류해 설명해주고 있다. '"후원금은 젖줄"이라고 큰소리치는 중국계 부호', '대학을 감시하는 중국인 유학생들', '차례로 매수되고 있는 호주의 항구', '브레이크 없는 유엔(UN)의 중국화', '달라이 라마를 만나면 경제 제재를 받아 대중국 수출이 감소한다', '언론과 기자의 약점을 찌르는 자금 제공과 접대 여행', '호주 전국의 전기가 사라지는 날' 등등 ... 테마의 제목만으로도 이미 침략 전쟁에 대한 보고서를 방불케 한다. 클라이브 해밀턴은 원저들에서 자신이 비판적으로 다룬 인사들의 실명을 모두 공개한 바 있는데, 이 해설서에서는 거기에다가 해당 인사들의 실물 사진까지 대부분 그대로 게재하고 있다. 원저들보다도 그래서 호주나 북미, 유럽 상황이 독자들에게 더 실감나게 다가올 것이다.

    클라이브 해밀턴이 고발하는 중공의 침투·전복 공작은 그야말로 총체적이다. 호주의 정치인들과 언론인들은 중국 공산당의 후원금과 광고료, 여행자금 지원, 그리고 은퇴후 자리 제공 등을 활용한 '그루밍'에 넘어가서 중국인보다도 더 중국의 이해관계를 위해 정치활동, 언론활동을 벌였다. 중국 유학생 유치에 목매단 호주의 대학들은 학내에서 중국에 비판적 논의 자체를 막아버렸으며 결국에는 홍콩 민주화를 부르짖는 자국·자교 학생들을 징벌함은 물론, 심지어 호주를 겨냥하는 중국의 병기 개발에 협력하는 상황까지 나아갔다. 그런 속에서 호주 곳곳의 항구, 농지는 중국 기업가들에게 차례로 매수되면서 중국을 위한 군사전략 거점, 식량 생산 기지로 변모해나갔다.

    그런데 이것이 호주만의 이야기가 아니었다. 같은 양상은 북미와 유럽 각국에서도 나타났다. 실제로 중국에 대한 각국의 과잉 저자세 외교부터가 중국 공산당의 해당국 엘리트들에 대한 침투·전복 공작 현실을 그대로 반영해 보여주고 있다. 존 맥칼럼 주중국 캐나다 대사는 캐나다의 외교관이면서도 캐나다를 대변하지 않고 오히려 캐나다 정부를 대상으로 중국의 입장을 이해하라며 호통을 일삼았다. 중국의 인권운동가 류샤오보에게 노벨상을 수여한 노르웨이는 뵈르게 브렌데 외무부 장관이 관련해 사실상 반성, 사과하는 내용의 성명을 중국에서 발표했다. 달라이 라마를 면담했던 영국의 데이비드 캐머런 총리도 차후에는 달라이 라마를 만나지 않겠다는 약속을 중국 당국에 해주며 중국 방문을 실현시켰다.

국제연합(UN), 세계무역기구(WTO) 등 국제기구들도, 원래는 세계 각 국의 이해관계를 대변해야 할 조직들임에도 불구하고 중국, 정확히는 중국 공산당의 이해관계를 대변하는 조직들로 변모해나가는 양상이 나타났다. 코로나19 발생 초기에 마치 중국의 꼭두각시 같이 굴면서 사태를 키웠던 세계보건기구(WHO)의 이상한 행태를 기억하는 사람들이 많을 것이다. 신장위구르에서 '제노사이드'를 자행하고 있는 중국이 유엔인권이사회(UNHRC) 회원국으로 당당히 진출한 넌센스는, '중국 특색 국제기구'의 기괴한 현실을 극명하게 보여주고 있다.

이 지점에서 미중무역갈등의 상징인 화웨이 문제도 얘기하지 않을 수 없다. 화웨이는 기술 도둑질로 성장한 기업이라고 해도 과언이 아닌데, 정말 무서운 점은 세계 최대 통신기업 중 하나인 이 기업이 중국 공산당에 각종 고객 정보를 '백도어'를 통해 빼돌리고 있다는 의혹까지 받고 있다는 것이다. 창업주(런정페이)의 전력과 기업의 불투명한 소유구조, 재무구조는 경쟁기업들과 세계인들의 공포심을 더욱 부채질하고 있다. 화웨이 부회장(명완저우)은 미국의 이란 제재 문제와 얽힌 은행 사기 문제로 캐나다에서 체포돼 2년여간 자택연금 생활을 하기도 했는데, 더 어처구니가 없는 것은 중국이 평범한 캐나다 국민들을 구속하는 인질외교를 펼쳐서 화웨이 부회장을 석방시켰다는 것이다. 테러 단체나 할법한 짓을 서슴없이 저지르는 것이 중국 공산당이며, 중국 기업은 그런 중국 공산당의 산하 조직에 불과하다는 점을 화웨이는 여실히 보여주고 있다.

중국 공산당의 이 모든 전횡 배경에 바로 '일대일로(一帶一路)'가, 또 '중국몽(中國夢)'이 있다. 중국은 전 세계의 '사람, 물건, 자금, 정보'가 왕래하는 모든 요소를 장악하려 하며, 이를 통해 과거 당나라, 청나라 시절 중화제국의 영광을 재현하려고 한다. 실은 '중화제국의 영광'이라는 '서사(narrative)'에 대한 믿음부터가 바로 중국 공산당의 영향력 공작과 무관치 않다. 그렇게 중국이 만드는 새로운 국제질서로 제2차 세계대전 이후 미국이 주도해온 국제질서를 대체하면서 자신들의 통치 정당성을 영구화하려는 것이 바로 중국 공산당의 진정한 목적임을 클라이브 해밀턴은 『중국의 조용한 침공』과 『보이지 않는 붉은 손』을 통해 고발하고 있는 것이다.

『호주와 중국의 예정된 전쟁』은 기본적으로 일본의 독자들을 1차 독자로 하여 쓰여진 해설서다. 하지만 한국의 독자들도 이 책을 충분히 흥미진진하게 읽을 수 있을 것이라고 생각한다. 왜냐하면 한국과 일본, 호주, 삼국은 모두 인도-태평양 지역에서 미국의 동맹국으로 대중국 외교안보 이해관계를 사실상 거의 대부분 공유하고 있으며(그 역사적 인연은 서두에서 얘기한대로다. 일본도 우방으로서 한국전쟁의 비공식 참전국이었음은 물론이다), 또 무엇보다도 중국 공산당이 무너뜨리고자 하는 자유·인권·법치의 민주적 가치관을 전적으로 공유하고 있는 국가들이기 때문이다.

다만, 클라이브 해밀턴에 따르면 중국 공산당이 특히 비열한 점은 다원적·개방적 사회의 약점을 악용한다는 것이다. 그 주된 수법 중에 하나가 '중국 공산당'에 대한 비판과 평범한 '중국인'에 대한 비판을 등치시키고, 자유민주주의를 훼손하려는 중국 공산당의 시도를 비판하는 일을 일괄로 '혐오'로 분류해 무력화시켜버리는 일이다. 호주도 2017년까지는 중국에 대한 비판이 사실상 불가능해 클라이브 해밀턴의 『중국의 조용한 침공』도 원 출판사가 출간을 포기하는 등 우여곡절을 겪어야 했다. 이런 현실은 호주만이 아니라 일본도 마찬가지다. 일본도 이른바 '혐오표현금지법' 등이 중국 공산당 비판에 대한 한 족쇄로 작용한다. 일본 여론을 대체로 주도하는 주류 신문인 「아사히신문」이나 「마이니치신문」은 좌파 성향임에도 불구하고 중국의 인권 문제에 대한 비판만큼은 많이 찾아보기 어렵다. 이에 일본에서는 오히려 「겟칸하나다(月刊Hanada)」 등 우파 성향 매체들이 신장위구르 인권 문제나 대만 독립 문제의 쟁점화를 주도하고 있는 상황이기도 하다.

국가정보원이 사실상 작동이 멈춘 상황임을 감안한다면, 대한민국은 일본이나 호주보다도 더 심각한 중국 공산당의 침투·전복 공작에 녹슬어 있을 공산이 커보인다. '5·31 지방선거 앞두고 설레는 인천 차이나타운'(「동아일보」), '"소중한 한 표 가슴 벅차요"'(「대전일보」)... 외국인에게 투표권을 최초로 부여했던 2006년 지방선거 당시 우리 언론들의 기사 제목이다. 15년이 흐른 지금, 올해 지방선거에서 '중국인 유권자'는 이제 전국적으로 10만 명을 헤아리게 됐다. 서울만 해도 3만 5천 명으로, 이는 박빙의 승부시 캐스팅보트를 쥘 수 있는 수준이다. 정치인이 아니라 아예 유권자가 교체되는, 한국이 대의민주 체제 붕괴 위기에까지 치닫는 상황에 도달할 때까지 어느 기관도, 어느 언론도 이 문제의 위험성을 제대로 경고하고 나서지 않았다는 사실은 무얼 가리키는가.

일부 한국인들은 한국과 중국의 대등한 관계, 그리고 한국의 자유민주 체제 존속에 대해서 비관적인 주장을 한다. 특히 중국의 시장규모와 경제성장을 얘기하면서, 중국의 세계 패권국 등극은 필연이며 한국은 물론, 인류 자체가 앞으로 중국을 추종하지 않고는 살 수가 없으며 역사의 대세에 따라야 한다는 식 얘기를 한다. 과연 그럴까. 그들은 중국에 대한 대다수 한국인들과 인류의 대응 의지를 너무 과소평가하고 있는 것은 아닐까.

사실 클라이브 해밀턴은 중국 공산당 문제 이전에는 오랜 기간 기후변화 문제를 연구해오면서 석유문명에 대해서 강한 비판적 목소리를 내왔던 학자이기도 하다. 석유문명으로부터 자유로워지는 것과 중국으로부터 자유로워지는 것 중에 과연 어느 것이 더 쉬울까. 클라이브 해밀턴은 분명 후자라고 답할 것이다. 실제로 인류는 현재 국제적 연대를 통해 석유문명으로부터도 과감히 탈출하고 있다. 원자력, 재생에너지, 전기자동차 등 수많은 시도가 이뤄지고 있고 실제 성과가 나오고 있다. 환경위기 앞에서 우리가 가령 내연기관 차량도 기꺼이 거부할 수 있다면, 왜 안보위기 앞에서 중국산 차량은 거부할 수가 없다는 말일까. 어떤 기준으로 생각해봐도 '중공'을 거절하는 일이 '탄소'를 거절하는 일보다 더 쉽다.

호주는 결국 5G 사업에서 화웨이를 최종 배제하기로 했다. 중국과 체결한 '일대일로' 업무협약도 차례로 파기하고 있다. 코로나19 발원지에 대한 조사를 전 세계에서 최초로 요구하고 나선 국가도 호주다. 남중국해, 신장위구르, 대만 문제로도 호주는 수시로 중국에 공개적으로 비판적인 목소리를 내고 있다. 이런 호주를 미국은 오커스(AUKUS)로 크게 화답하며 북돋아 주었다. 호주는 사실 한국보다도 더 큰 무역규모로 중국에 의존해온 나라다. 인구도 2,500만 명으로 우리의 절반에 불과하다. 호주도 할 수 있는데, 중국과 불과 70년 전은 물론이고 그 이전부터 숱하게 전면전을 치르며 자기 정체성을 지켜온 경험이 있는 한국이 왜 중국에 맞설 수 없다는 것인지 이해하기 어렵다. 향후 대한민국이야말로 '자유의 방파제'를 넘어 '자유의 파도'가 되어 베이징과 평양을 휩쓸게 할 국가로 전 세계의 모델이 되어야 마땅하다.

모쪼록 『중국의 조용한 침공』과 『보이지 않는 붉은 손』에 이어서 『호주와 중국의 예정된 전쟁』이 대한민국에서 중국 공산당 침투·전복 공작 문제에 대한 논의 활성화, 그리고 대한민국인들의 중국 공산당에 맞서는 의지 고양의 촉매제가 될 수 있길 기대한다.

최대집
20대 대통령 예비후보
40대 대한의사협회 회장

시작하며

중국 공산당이 민주주의 국가를 '조용히 침공'하고 있다. 그 수법을 낱낱이 폭로한 두 책『중국의 조용한 침공(Silent Invasion)』과『보이지 않는 붉은 손(Hidden Hand)』은 전 세계를 충격에 빠뜨렸다.

이번에 출간된 본서『호주와 중국의 예정된 전쟁(「目に見えぬ侵略」「見えない手」副読本)』은, 방대한 정보량과 치밀한 논리 구성으로 중국 공산당이 자행하고 있는 공작의 실태를 폭로한 앞서 두 책의 핵심을 응축하여 '부독본(副讀本, 해설판)'이라는 형태로 읽기 쉽게 만든 것이다.

중국 공산당은 중국 정부가 바라는 발언을 하고 중국의 이익이 되도록 움직이는 '친구'들을 각국의 엘리트와 지배층 중에 많이 키워왔다. 구체적으로는 외국의 지식인과 유력한 (전) 정치인, 언론 관계자를 **대변인**으로 삼아 그들로 하여금 "미국 독식 체제는 끝났다", "중국의 기세는 멈추지 않는다", "중국에 거스르는 우를 범하지 말고 좋은 관계를 유지하라", "서방 국가는 중국의 방식을 배우라"며 선전을 하도록 했다.

또한 중국 공산당은 경제 관계의 악화를 무기로 휘두르면서 중국에 대한 비판적 의견을 묵살하는 데도 성공했다. 외국의 언론이 베이징을 두려워하여 비판을 잠재우도록 만들고, 미디어 자본을 매수하여 지원액도 늘리고 있다. 중국은 또한 반정부 활동을 탄압하여 치안을 확보하는 하이테크 감시 시스템을 개발도상국에 수출하고 있다. 나아가 '공동 연구'나 '공동 프로젝트'라는 핑계로 각국의 대학과 연구 기관에 접근하여 지식재산과 하이테크 기술을 뿌리째 빼앗고 있다. 클라이브 해밀턴은 이런 실태를 지금까지 두 책 전반에 걸쳐서 관계자들의 실명을 제시하며 고발했다.

중국이 해외에서 영향력을 강화하는 목적은, 미국과 동맹 관계를 맺는 나라를 이탈시키고 차후 경제력과 군사력 면에서 미국을 넘어서려는 데 있다.

클라이브 해밀턴은 『중국의 조용한 침공』 '일본어판 서문'에서 "베이징의 세계 전략 중 첫 번째 목표는 미국의 동맹 관계 해체다. 이러한 의미에서 일본과 호주는 인도·태평양 지역에서 최고의 타깃이다"라고 밝힌 바 있다. 일미(日米) 안보에서의 일본, 그리고 북대서양조약기구(NATO)에서 미국과 동맹 관계에 있는 유럽 국가들도 당연히 타깃이다.

『중국의 조용한 침공』은 호주에서의 중국 대변인들이 벌이는 활동의 실제 사례를 철저히 분석했다. 그리고 중국 공산당의 영향력 공작 전체상을 체계적으로 분석한 『보이지 않는 붉은 손』을 통해서는, 중국어에 능통한 독일인 연구자 머라이커 올버그(Mareike Ohlberg)를 공저자로 맞이함으로써 영국, 독일, 프랑스, 이탈리아, 캐나다 등 북대서양조약기구(NATO) 각국에서도 역시 같은 수법으로 중국 공산당의 영향을 넓혀나간 실제 사례를 차례로 폭로했다. 이로써 **중국 공산당은 세계 공통의 전략을 취하고 있다는 사실**이 명백히 드러났다.

대한민국에서도 2021년 상반기에 번역 출간된 『중국의 조용한 침공(Silent Invasion)』, 『보이지 않는 붉은 손(Hidden Hand)』 표지. ⓒ 세종서적, ⓒ 실레북스

    이 두 책의 저자인 클라이브 해밀턴은 호주 찰스스터트대학(CharlesSturt University)의 캔버라 캠퍼스에서 공공윤리학 교수를 맡고 있는 학자다. 과거에는 호주에서의 시위·집회 역사와 환경 문제 등, 매우 좌파적인 관점에서 쓴 저서를 발표해왔으며 호주 녹색당(Australian Greens)의 이름으로 연방의회 선거에 출마했던 경력도 있다. 다만 그는 자유와 인권, 민주주의를 신봉하는 좌파일뿐, 강경파이거나 민족주의자, 국가주의자는 아니다.

    따라서 그는 '중국 공산당'과 '중국인'을 정확히 나누어 논한다. 서방 국가들에서 일부는 중국 공산당과 중국 정부를 비판하는 주장을, 중국인 전체를 공격하는 인종차별과 혼동하는 사람들이 있다. 이것이

바로 중국 공산당이 국제 여론을 유리하게 만들기 위해 노리는, 민주주의 국가의 언론이 가진 약점이다. 중국 공산당을 비판하는 사람들을 중국인 차별이나 외국인 배척(제노포비아)과 동일시하는 유도에 다수의 '좌파를 자처하는 백인 호주인'도 그대로 걸려들어서 클라이브 해밀턴을 공격하기도 했고 이에 클라이브 해밀턴 본인도 "황당했다"는 입장을 밝히기도 했다.

홍콩 민주화 세력뿐만 아니라 호주나 캐나다의 많은 중국계 이민자들에게 '언론의 자유'는 이미 존재하지 않는다. 베이징을 두려워하는 화교 출신들이, 호주의 시민권을 갖고 있으면서도 평등한 정치 참여나 정치적 발언을 자제하는 현실에 클라이브 해밀턴은 분개한다. 중국계 호주인이 목소리를 높이면 중국 본토에 사는 친척들이 위험에 빠지고 화교 커뮤니티 내에서도 중국계 이민자 간의 거래가 중단되는 등 제재가 가해진다. 클라이브 해밀턴은 화교와 마찬가지로 호주의 중국인 유학생들도 자유를 말하고 학문을 익힐 권리가 유학생 조직을 통한 감시와 위협 때문에 빼앗겼다면서 "그들을 공산주의의 손아귀에서 구해내야 한다"고 주장하고 있다.

클라이브 해밀턴은 물론 반중주의자도, 배외주의자도 아니다. 그는 종교, 집회, 언론, 정치 참여의 자유 등은 **서방만의 권리가 아니라 인류의 보편적 권리**로, 어느 나라에서든 보장되어야 마땅하다고 주장한다. 자유와 인권을 중시하기에 비로소 국외에까지 억압적·고압적 수법을 수출하는 중국 공산당에 강한 경계심을 품게 된 것이다.

일본의 '좌파 교양인'은 이러한 클라이브 해밀턴의 경고를 받아들일 수 있을 것인가. 중국은 코로나19를 권력으로 봉쇄하고 "바이러스는 외국에서 수입 식품을 통해 우한으로 들어왔다"고 주장하며 관련하여 독립된 조사를 거부한다. 막대한 경제력을 가진 일당독재 국가의 발언력은 더욱 커져, 자유를 당연한 것으로 간주해 온 민주주의 국가의 '약한 동맹'은 이미 열세에 몰렸다.

예를 들어 영국과 미국, 호주, 캐나다, 뉴질랜드 5개국 간에 기밀 정보를 공유하는 '파이브 아이즈'의 일원인 호주가 목표물이 된 것은 이 나라가 서방 동맹의 가장 약한 부분이라고 중국이 보았기 때문이다. 중국 외교부의 자오리젠(趙立堅) 부대변인은 최근, 파이브 아이즈에 속한 5개국에 대해서 "그 눈이 멀지 않도록 조심하라"고 경고하면서 호주군 병사가 아프가니스탄의 어린이 목에 칼을 갖다 대는 가짜 합성 사진을 트위터에 올리기도 했다. 자국을 향한 비판에 대해서 격한 표현은 물론 거짓말까지 해대며 공격하는 것이다. 약한 상대로 보이면 위협하여 복종을 요구하고 경제 제재를 가하는 이런 강경한 태도는 '전랑외교(战狼外交, wolf-warrior diplomacy)'라고 불리는 호전적인 방식인데, 이렇게 이제는 이빨을 굳이 숨기지 않을 정도로 중국은 자신들의 힘에 자신감을 더해가고 있다.

클라이브 해밀턴이 중국 공산당의 공작에 관심을 가진 계기는, 2008년에 베이징 하계올림픽의 성화가 호주 수도 캔버라(Canberra)를 통과했을 때, 중국 국기를 흔드는 수만 명이나 되는 중국인 유학생들이 결집하면서 그들이 티베트 독립을 주장하는 사람들에게 주먹까지 휘두르는 장면을 보고서 충격을 받았던 일이라고 한다. 또한 2016

년 여름, 중국 공산당과 관계가 깊은 한 중국계 부호가 호주의 각 정당과 정치인 개인에게 거액의 정치후원금을 준 사실이 확인되면서 클라이브 해밀턴은 『중국의 조용한 침공』을 쓰기로 결심했다.

2017년 가을쯤에는 초고를 완성했으나, 책을 출간하기로 한 유명 출판사 앨런 앤드 언윈(Allen & Unwin)이 인쇄 직전에 출간을 중지했다. 그 이유는 "베이징의 보복을 우려했기 때문"이었다. 일본과는 달리 유럽과 미국의 대형 출판사는 책 인쇄를 중국 국내의 공장에 위탁한다. 이 때문에 중국 공산당에 비판적인 책을 출판함으로써 그런 책뿐만이 아니라 그 이외의 책 인쇄에 문제가 생길 것을 두려워했던 것이다. 또한 **비판 대상이 된 중국계 부호가 법에 호소하고 나선다면, 설사 명예훼손 재판에서 패소할 줄 알면서도 일부러 소송을 제기한다고 하더라도 출판사와 저자에게는 큰 부담을 줄 수 있다**. 출판사는 자사 웹사이트에 대한 중국으로부터의 사이버 공격도 두려워하고 있었다.

이것은 '언론의 자유'와 직결되는 큰 문제다. 이후에 다른 출판사도 논란을 두려워하여 도망치고, 대학 출판국까지 출판을 거부했다. 호주의 많은 대학은 다수의 중국인 유학생을 받아들여, 학교 재정상 큰 비율을 그들에게 의존하고 있기 때문이다. 출판사 세 곳에서 연이어 거절을 당한 끝에 무사히 하디 그랜트(Hardie Grant)라는 출판사에서 책이 발간되었지만, 이러한 소동 그 자체가 이 책에서 지적하는 '중국 공산당의 영향력이 얼마나 깊게 호주 국내에 침투했는지'를 증명하는 꼴이 되었다. "만일 미국이나 트럼프를 강경하게 비판하는 책을 썼다면 출판사들은 기꺼이 출판했을 것이다. 출판사들은 워싱턴이 아니라 베이징을 두려워한다. 그것은 **베이징이 지배하는 세계가 어떠한 세계인지, 미리 쓴맛을 본 경험**이었다"고 클라이브 해밀턴은 말한다.

그리고『중국의 조용한 침공』의 집필 시점까지는 중국 본토에도 현지 취재를 갈 수 있었지만, 클라이브 해밀턴은 결국 2020년 9월에 중국으로부터 입국 금지를 통보받게 된다. 중국의「환구시보(글로벌타임스)」는 이를 호주가 중국인 입학생의 비자를 취소한 일에 대한 '응징'이라고 설명하며, "대단히 어리석은 견해와 근거 없는 내용으로 인해『중국의 조용한 침공』은 몇 번이나 출판이 거절되었다"고 보도했다. 이러한 강력한 반응을 보더라도 오히려 중국 공산당에 있어 클라이브 해밀턴의 책이 얼마나 '불편한 진실'을 말했던 것인지를 일본의 독자들은 이해했을 것이라 믿는다.

이 책은 이러한 클라이브 해밀턴과 관련된 두 권의 책에서 일본 독자들을 대상으로 요점만 뽑아내어 40개 항목으로 정리한 것이다. 부디 이 책을 통해 외면하고 싶은 진실이 전달되길 바란다. 또 이 책이 아직 언론의 자유가 남아있는 사이에 일본의 미래를 생각하는 큰 힌트가 되어주길 바란다.

제1장

타깃이 된 호주

① 호주를 일깨운 한 권의 책

이 책에서 살펴보겠지만, 중국 공산당의 침투 공작에 무방비 상태였던 오스트레일리아는 지난 4년간 완전히 변했다.

계기는 2016년 여름, 남중국해 문제를 둘러싸고 중국을 옹호한 샘 데스티에리(Sam Dastyari) 당시 상원의원이 중국계 부호인 황샹모(黄向墨, Huang Xiangmo)로부터 거액의 헌금을 받은 사실이 한 저널리스트의 탐사보도로 발각된 일이었다. 이 일로 결국 샘 데스티에리 의원은 의원직 사퇴 압박을 받게 됐다. 그리고 저널리스트 대여섯 명의 뛰어난 기사들로, 중국 공산당과 관련된 부호가 호주 정당과 호주 의원에게 거액의 후원금을 내온 사실도 낱낱이 밝혀졌다. 더불어, 중국계 자본에 의한 호주의 송전 인프라와 토지, 항만 매수도 문제시되면서, 2018년에 결국『중국의 조용한 침공』이 출간되었다. 이 책은 중국 공산당이 그간 호주에서 어떤 공작을 펼쳐왔는지를 설명하면서 여론 흐름을 역전시켰다.

자신들이 처한 위기 상황을 호주 국민들이 깨닫게 되면서 언론의 논조도 바뀌었다. 호주의 주요 미디어는 입을 모아 중국 공산당의 통일전선 공작 등 활동을 폭로하고 경계하는 기사들을 쏟아냈다.

정부도 법안 정비로 이를 뒷받침했다. 중국 공산당의 영향력 공작을 **'외세의 내정 간섭'**으로 인정했다. 외국 정부를 위해 돈으로 정치가를 매수하거나 자유로운 정치적 발언에 간섭하는 행위를 위법으로 규정하게 된 것이다.

또 호주의 항만과 농지 등을 외국계 기업이 매입할 때, 호주 재무부의 확인을 받도록 법률로 규정했다. 호주 연방정부는 '중요 인프라 센터(Critical Infrastructure Centre)'를 조직했다. 그리고 외국 투자 안건을 심사하고 권위주의 정부의 통제 아래에 있는 외국계 기업에는 등록 인프라의 매각을 인정하지 않기로 했다.

이미 매각이나 장기 리스 계약을 맺은 토지와 항만도 정부가 되사들이거나 리스 계약을 해지할 방안을 마련하고 있다. 때늦은 감이 있지만, 깨닫게 된 후의 대응은 높이 평가할 만하다. 비슷한 우려를 안고도 거의 아무런 대책도 세우지 못하면서 주류 언론들이 변함없이 중국 편을 드는 기사가 이어지고 있는 일본의 상황과 비교하면 그저 부러울 따름이다.

스콧 모리슨 호주 총리는 코로나19의 발생원에 대하여 철저한 국제적 조사를 반복해서 요구, 중국이 무역 제재를 발동하는 사태에 이르렀다. 2020년 3월 19일, 코로나바이러스 대응 관련 기자회견의 모습. ⓒEPA/연합뉴스

호주에서 중국 공산당을 향한 의구심도 높아졌다. 2020년, 코로나19의 세계적인 유행에 호주 정부는 중국의 초기 대응이 적절했는지 독립된 검증을 해야 한다고 주장했다. 이것이 중국의 심기를 건드려, 호주산 쇠고기의 수입 정지, 중국인 여행객의 호주 여행 금지, 호주산 보리에 대한 추가 관세 부과, 석탄·랍스터·와인·목재의 수입 제한 등, 중국은 **'경제를 외교의 도구로 삼는' 형태로 호주에 보복**했다.

오랫동안 호주를 대상으로 펼쳐온, '중국을 싫다고 말하지 못하게 하는' 공작 위에서 더구나 적반하장으로 위협하는 모습에 '중국의 본모습'을 알고 경계를 더욱 강화한 호주인들이 많아졌다. '중국이 호주에 대한 안보상의 위협'이라고 대답한 이들이 2018년 12%에서 2020년에는 41%까지 상승했다고 한다. 호주는 눈을 떴다. 일본도 이 움직임을 이어나가야 할 것이다.

② "후원금은 젖줄"이라고 큰소리치는 중국계 대부호

중국 본토나 홍콩에서 국외로 이주한 중국계 이민자 중에는 중국 공산당에 비판적인 태도를 보이며 당의 지배에서 벗어나려는 사람, 그리고 이주 후에도 중국 공산당에 충성을 다하며 협조를 아끼지 않는 사람, 두 종류의 사람이 있다.

호주의 부동산 개발 회사 위후그룹(玉湖集团, Yuhu Group)의 경영자인 황샹모는 바로 후자의 대표주자다. 2012년경 호주에 온 황샹모는 민간 조직으로 위장한 중국 공산당의 일선 조직인 '중국평화통일촉진회(全球华侨华人促进中国和平统一大会, The China Council for the Promotion of Peaceful National Reunification, NACPU)' 호주지부 등에서 대표를 맡으며 호주의 정당과 의원에게 거액의 후원금을 뿌리고 대학에도 아낌없이 자금을 제공하여 두각을 드러냈다.

황샹모가 시드니공과대학(University of Technology Sydney, UTS)에 거액을 기부하여 설립한 호주중국관계연구소(Australia-China Relations Institute, ACRI)는 호주의 친중 언론 발언 거점으로 자리 잡았다. 소장으로 임명된 사람은 친중파로 알려진, 일명 "베이징 봅"이라 불리는 봅 카(Bob Carr) 전 호주 외무부 장관이다.

중국 공산당에 있어서 대가 없는 선의는 없다. 황샹모는 "(정치가와 정당, 대학에 뿌린) 돈은 젖줄이다"라고 주장했고 "해외의 중국인들은 정치면에서 힘을 길러야 한다", "화교들은 호주 정치에 참가하여 영향력을 발휘하는 노력이 아직 부족하다"고 하면서 목소리를 높였다.

여기서 "영향력 발휘"란 현지 중국계 이민자가 민주주의의 가치에 기반하여 자유롭게 발언하고 정치력을 발휘하는 것이 아니라, 오로지 **중국 공산당 지지자를 늘리고 비판을 봉쇄하는 것**이다. 돈을 뿌리면 친중파가 늘어난다. 봅 카뿐만 아니라 줄리아 길라드(Julia Eileen Gillard) 전 호주 총리나 앤드루 롭(Andrew Robb) 전 연방 통상투자부 장관, 에릭 루젠달(Eric Roozendaal) 노동당 뉴사우스웨일스 지부 대표 등, 노동당과 자유당을 가리지 않고 유력 정치가에게 거액의 후원금이 전해졌다.

이러한 "젖줄"을 통해 '친중파'로 자란 사람 중의 하나가 호주 노동당 소속의 상원의원인 샘 데스티에리(Sam Dastyari)였다. 샘 데스티에리는 황샹모로부터 사무실 경비와 고가의 와인을 제공받았고, 나아가 황샹모와 같은 의도를 가지고 자신에게 접근한, 시드니에서 교육연구소(탑에듀케이션인스티튜트)를 운영하는 주민선(祝敏申, Zhu Minshen)으로부터도 선거 자금과 중국 여행 자금을 받으며 '훌륭한 친중파'로 성장했다.

2016년, 당시 말콤 턴불 호주 총리(오른쪽에서 세 번째)와 필립 러독 자유당 의원(오른쪽에서 두 번째) 등 유력 정치인과 춘절 행사에서 함께 사진에 담긴 황샹모(가운데). 호주에서 춘절은 베이징의 자금 제공을 받은 중국 공산당 산하 단체를 선전하는 장이 되었다. ⓒ Dominic Lorrimer/Fairfax Syndication

주민선은 호주 주요 정당들에 수십만 달러를 기부했으며, 유력 정치인들과도 여러 사진들을 남겼다. 주민선은 이렇게 호주 유력 정치인들과 찍은 사진들을 자신의 교육연구소인 탑에듀케이션인스티튜트에 대부분 공개하고 있다. 이중에는 호주 전 총리 말콤 턴불과 함께한 사진들도 확인할 수 있다. (2021년 10월 26일 탑에듀케이션인스티튜트 홈페이지 화면 캡쳐)

샘 데스티에리는 중국 공산당의 기관지인 「인민일보」로부터 "국제적 친중파"라는 칭호까지 부여받았을 정도의 인물이다. 그는 남중국해 영유권 문제는 "중국이 판단할 일"이라고 두둔했으며 중국이 일방적으로 정한 방공식별권(Air Defense Identification Zone, ADIZ) 문제에 관해서도 "반대해서는 안 된다"라고 하면서 거의 중국 공산당의 대변인이나 다름없는 발언을 반복했다.

게다가 샘 데스티에리는 자신의 정치 후원금 문제가 발각되자 황샹모의 호화 저택으로 가서 "호주 정부가 도청하고 있을지도 모르니 조심하라"며 충고까지 해줬다.

황샹모는 "호주 노동당이 남중국해에 관한 중국에 비판적인 자세를 바꾸지 않는다면 정치 후원금을 중단하겠다"고 압박하며 '후원금이라는 젖줄을 끊는' 채찍을 써서 호주 내의 대중국 여론에 영향을 미치고자 했다.

정치가와 유력한 재계 인물에게 돈을 주어 친중파가 되게 한 황샹모는 중국 공산당 간부로부터 이러한 활동을 인정받아 영사관이나 대사관 행사에 초청받거나 중국 언론에 대대적으로 보도되는 등 영향력을 높여나갔다.

그러나 악행은 들통나기 마련이다. 2016년 8월, '샘 데스티에리 스캔들'이 세상에 알려지자 지금껏 황샹모를 높이 평가한 중국 공산당 간부들은 그를 내팽개쳤다. 주시드니 중국 영사관의 웹사이트에서 황샹모의 이름은 삭제되었다.

그리고 2017년 11월에 샘 데스티에리의 '충고'가 폭로되자 황샹모는 호주-중국교류단체의 회장을 사임한다. 최종적으로는 **호주 체류 비자도 취소되기에 이르렀다**.

물론 고작 스캔들 하나가 밝혀졌다고 해서 호주에서 중국 공산당의 공작 활동이 위축되지는 않는다. 호주에 사는 중국계 부호는 수없이 많다. 샘 데스티에리의 중국행 비용을 대신 내주고 선거 자금을 지원한 주민선도 2014년부터 2015년에 걸쳐 23만 달러, 2015년부터 2016년에 걸쳐서는 7만 2천 달러를 주요 정당에 후원했다.

주민선은 2008년, 호주 캔버라에서 치러진 베이징 하계올림픽 성화 봉송 때에는 중국인 유학생을 조직적으로 동원한 중요 인물이 되었다. 자신이 운영하는 탑에듀케이션인스티튜트에서 학생 90명이 참가했는데, 이것을 "성적순으로 결정"했다는 데에 더욱 놀람을 금할 수 없다. 또 놀랄만한 일은 "베이징 봅"이라 불리는 봅 카가 외무부 장관 자리에 오르자마자 주민선을 호주 연방정부의 연방중국자문위원회의 위원으로 임명한 사실이다.

또 한 사람, 상징적인 중국계 대부호가 차우착윙(周澤榮, 만다린어로는 '저우쩌룽'이라고 호칭함)이다. 그가 어떻게 해서 부동산 개발로 막대한 부를 쌓게 됐는지는 알려지지 않았지만, 2007년에는 자유당에 290만 달러, 노동당에 170만 달러를 후원한 것을 시작으로 연방 선거가 치러진 시점에서 거액의 정치 후원금을 정당에 뿌렸다. 또 장래가 촉망되는 젊은 정치인들을 대접하기 위해 중국 접대 여행 여비 일부를 내기도 했다.

호주 노동당 상원의원 샘 데스티에리는 중국계 기업가이자 정치 후원자인 황샹모와의 관계 문제가 스캔들로 번져 결국 의원직을 사퇴했다. 2017년 12월 12일 사퇴 기자회견의 한 장면.
ⓒ EPA/연합뉴스

차우착윙(저우쩌룽)은 황샹모와 더불어 재력으로 호주 정계를 주무르는 대표적인 인사로 알려져 있다. 차우착윙은 호주에서 중국어 매체도 소유하고 있으며, 이 역시 중국 공산당의 시각을 반영하고 있다는 지적을 받고 있다. ⓒ EPA/연합뉴스

윙키 차우는 차우착윙의 딸로, 호주에서 차우착윙의 중국어 매체를 운영하고 있는 것으로 알려져 있다. ⓒ EPA/연합뉴스

심지어 여기서도 봅 카가 등장한다. 봅 카는 2006년에 차우착윙이 주최한 '호중우호교류협회(Association of Australia China Friendship and Exchange, ACFEA)'의 유일한 명예회장으로 지명되었다. 이는 2004년, 뉴사우스웨일스주 총리(지사)였던 봅 카가 차우착윙의 딸(윙키 차우(Winky Chow))을 총리실에 인턴으로 맞아준 것에 대한 '보답'으로 추측된다('호중우호교류협회'는 통일전선 조직과 연계를 의심받고 있다).

차우착윙은 「신쾌망(新快网)」(영어로는 「뉴익스프레스데일리(New Express Daily)」라고 하며 「광저우일보」라고도 한다. 이 신문의 호주판을 윙키 차우가 운영한다.)이라는 신문 미디어를 경영하고 있는데, 당연히 '**중국의 시각**'으로 보도하며 베이징 정부로부터 높은 평가를 받고 있다. 중국 공산당과의 관계가 깊은 차우착윙의 영향력을 비판적으로 검증한 TV 프로그램과 신문사도 있었으나, 차우착윙은 이에 대해 명예훼손이라며 소송을 제기했다.

차우착윙은 호주 국적을 갖고 있기는 하지만, 호주 내에서 "그의 행동은 호주의 국익을 희생하면서 중국의 이익을 증진하고 있어 국적 취득 시의 선서를 어기는 것"이라는 비판을 받고 있다.

③ 왜 호주가 타깃이 되었는가

오스트레일리아는 '중국의 조용한 침공'을 당해 인프라, 미디어, 대학, 연구소, 정계, 재계에 다방면으로 침투를 허용하고 말았다. 미국과 거리를 두고 중국과의 관계를 강화하는 것이야말로 호주가 살아남는 유일한 길이라는 생각이 주입된 엘리트층이 많다.

'일당독재의 정치 체제', '마르크스주의에 물든 경제 관념'을 문제 삼는, 당연히 가질 수 있는 비판적 경계심마저도 중국인 그 자체에 대한 '인종차별(레이시즘)', '외국인 공포증(제노포비아)'이라고 낙인이 찍혀 자유롭게 표현할 수조차 없는 상황에 이르렀다.

어쩌다가 호주는 중국 공산당이 자행하는 공작의 표적이 되었을까. 시작은 2004년으로 거슬러 올라간다. 당시 후진타오 체제의 중국 공산당은 호주를 '(영향을 미쳐야 할) 중국의 주변 지역'으로 규정하고, 미국의 동맹국 중에서 **가장 약한 사슬**'임에 주목하여 '호주를 미국에 NO라고 말할 수 있는 제2의 프랑스로 만들어, 미국-호주 동맹의 틈새에 쐐기를 박을 것'을 장기 목표로 정했다. 호주의 정치인과 개인적인 우호 관계를 쌓으며 화교와 중국인 유학생, 중국계 대기업을 이용하여 호주의 대중 감정을 호의적인 방향으로 유도하고, 경제적인 측면에서 중국 의존도를 높이는 방책이었다.

호주가 '약한 사슬'로 얕보이게 된 이유에는 네 가지가 있다. 첫째, 이민을 많이 받아들이는 개방성, 둘째, 국토 면적에 비해 적은 인구, 셋째, 대규모 중국계 이민자의 존재, 넷째, 다문화주의를 중시한다는 점이다. 호주의 인구는 약 2,500만 명 정도로, 100만 명 단위에 달하는 중국계 이민자들의 존재감이 클 수 밖에 없다.

그리고 일찍이 백호주의(白豪主義, White Australia Policy)로 원주민과 중국계 이민을 탄압한 역사로 인해 호주 사회는 인권 문제와 인종차별 문제에 대한 감수성이 높다. 중국 공산당은 이에 주목했다.

2016년, 중국 공산당 하부 조직의 제안으로 뉴사우스웨일스주 정부가 춘절에 맞춰 오페라하우스를 빨간색 라이트로 물들이자, 「인민일보」는 "시드니의 오페라하우스가 중국풍으로 붉게 물들었다"며 자랑스럽게 보도했다. ⓒ EPA/연합뉴스

왜냐하면 호주의 역사와 특성을 이용해 중국 정부와 중국계 기업, 중국계 대부호를 향한 호주 국민의 경계심을 "외국인 공포증이다", "인종차별이다"라며 틀어막을 수 있기 때문이다.

물론 호주에서 사리 분별력 있는 사람들이 경계하는 것은 '중국인'이 아니라 어디까지나 '중국 공산당'이지만, 중국 비판을 틀어막고 싶은 사람들은 의도적으로 둘을 혼동시켜, 중국 공산당에 대한 비판을 다문화주의에 반기를 드는 '차별'이라고 규정해 공격하는 절대적인 카드를 내세운다.

이 방식은 대단히 효과적이다. 이로 인해 중국계 사람들이 호주를 비판하는 것은 허용되지만, 호주인이 중국 공산당을 비판하는 것은 허용되지 않는 상황이 만들어졌기 때문이다.

이러한 사태에 누구보다도 위기감을 느낀 것은 중국 공산당에 비판적인 중국계 호주 시민들이다. 대륙의 폭정, 언론의 부자유로부터 새로운 천국으로 겨우 도망쳐, 자유와 민주주의를 누려왔는데 대륙과 같은 '애국심', '민족애'와 '중국 공산당에 대한 충성심'을 요구받으며 다른 중국계 이민자와 유학생들로부터 **감시·밀고를 당하게 되었다**. 중국계 호주 시민들의 언론의 자유, 정치 참여의 권리가 위협받게 됐다.

④ 베이징 봅 – 군사력보다도 중요시되는 공작 대상 "중국의 벗"

"중국 공산당은 전 세계의 친구들을 소중히 한다." 언뜻 좋은 말처럼 들리지만 '군사력에 의한 위협보다 더욱 손쉽고 효과적인 방법'으로써 중국 공산당은 "중국의 벗" 만들기를 추진하고 있다.

이것은 외국의 지배층 속에 중국 공산당의 의도를 대변하고 중국 공산당에 대한 비판을 '차별'이라고 공격하며 미국과의 동맹 관계를 부정하여 중국이 패권국이 되는 꿈의 실현을 돕는 **정치인, 학자, 재계 인사**를 길러내는 것이다(통일전선 공작).

호주에서는 "베이징 봅(Beijing Bob)"이라는 별칭을 갖고 있는 전 외무부 장관 봅 카의 "중국의 벗" 행세가 눈에 띈다. 중국계 부호인 황샹모는 2015년, 시드니공과대학에 180만 달러를 기부하면서 호주중국관계연구소(ACRI)를 만들어 봅 카를 연구소 소장으로 임명했다. 표면상의 목적은 호주-중국의 교류와 호주-중국 관계의 심화이지만, 실제 목적은 연구소를 중국 공산당의 선전 기관으로 기능하게 하는 것이다. 호주중국관계연구소는 호주의 정책과 정계에서 중국 공산당의 영향력을 확대하는 거점이 되었다.

호주중국관계연구소가 생기자, 즉시 호주-중국무역협정의 이점을 주장하는 논문이 발표되며 중국이 주도하는 아시아인프라투자은행(AIIB)에 호주의 참가를 높이 평가하는 등 노골적인 행보에 나섰다. 연구소라고는 하나 실태는 중국 공산당의 의도를 '마치 호주 내부의 객

관적 의견인 것처럼' 전파하는 것이 목적인 곳이다. 봅 카는 호주중국관계연구소를 시작으로 호주의 정·재계, 학계에 중국 공산당의 인맥 쌓기를 적극적으로 뒷받침하고 있다.

봅 카는 원래 2012년까지만 해도 중국 공산당의 일당 독재 체제를 "우스울 정도로 시대에 뒤쳐졌다"라고 말하며 대중국 로비에도 비판적 입장이었다. 그런데 불과 몇 년 만에 '전향'하여 중국 공산당 옹호로 돌아서 "호주는 미국 이상으로 중국과의 관계를 중시해야 한다"라고 말하며 중국 공산당에 대한 경계를 "외국인 공포증"이라고 단정 지었으며 중국이 적대시하는 달라이 라마의 호주 방문에 대해서도 결사 반대할 정도로 변했다.

전 외무부 장관으로 뉴사우스웨일스주 지사를 지내기도 한 노동당의 유력 정치인 봅 카는 황상모에 의해 호주중국관계연구소 소장이 되었으며, 호주 연방정부의 친중 정책 추진에 큰 역할을 해냈다. 호주 상무부(Department of Foreign Affairs and Trade)의 봅 카 프로필 사진.

중국에 편향된 발언은 날이 갈수록 심해져, "중국의 영향을 우려하는 것은 냉전적 사고", "호주는 중국의 핵심적 이익을 존중해야 한다", "미국은 중국의 새로운 입장을 인정해야 한다", "중국이 인접 국가를 괴롭힐 리가 없다" 등의 주장을 펼치며 『중국의 조용한 침공』이 출간된 후에도 신문을 통해 이 책에 혹평을 쏟아냈다.

또 한 사람, 호주 전 총리 폴 키팅(Paul J. Keating)도 중국에 포섭되었다. 그는 정계 은퇴 후에 중국을 빈번하게 방문하며 당 간부와 기업 수뇌부와 교류하는 사이에 중국의 리더가 자신에게 **진심을 털어놓는다**고 굳게 믿게 되었다. "중국이야말로 호주의 운명"이므로 미국에 대해서 "이제 호주는 종속국이 아니다라고 확실히 말하라"고 할 정도다. 중국 측이 자신의 의견을 경청해 준다고 믿고 있지만, 실제로는 중국의 대변인에 지나지 않는다.

호주의 전 법무부 장관 가렛 에반스(Gareth Evans)는, 일찍이 세계를 무대로 폭넓게 활약하며 큰 발언권을 가졌던 인물이 그 자리에서 물러난 후 국내에서 정치적 영향력을 잃어 주위로부터 존경받지 못하는 데서 오는 상실감을 "정치적 영향력 상실 신드롬"이라고 이름 붙인 바 있다.

중국 공산당은 이러한 사람의 심리에 주목하여 '은퇴 정치인'을 극진히 대접하여 그 발언력을 이용한다. 그 인물이 국내에서의 영향력 저하와는 반대로 중국에서는 '중요한 귀빈'으로 취급되면 자신을 가볍게 여기는 모국을 폄훼하고 중국을 치켜세우는 발언을 하기 쉬워진다. 일본에서도 고노 요헤이(河野洋平) 전 관방장관이나 하토야마 유키오(鳩山由紀夫) 전 총리 등, 몇몇 인사들의 얼굴이 떠오른다.

봅 카도 외무부 장관에서 퇴임한 후, 중국 공산당의 초청으로 몇 번이나 중국을 방문했는데, 모든 경비를 중국이 부담하는 등 극진한 대접을 받았다.

'나는 중국에 대해 일가견이 있다'라는 생각도 중국에 이용당하고 만다. 봅 카는 국제파로 정평이 났는데, 이에 대해 "당신은 중국을 독자적인 시각으로 이해하고 있다"면서 중국 측 전문가와 고위 관료로부터 호평을 받았고, 이에 그는 자기 자신을 중국에서 특별한 존재로 받아들인다고 착각하게 되었다. 추켜세워진 자기 자신이 중국에서 높게 평가받는다고 믿게 된 것이다. 실제로는 중국을 위해 움직이기 때문에 중국으로선 그가 가치가 있다고 봤을 뿐인데도 본인은 그 사실을 깨닫지 못한다.

그렇게 해서 중국 측과의 교류가 깊어지는 가운데 '중요한 것은 중국과의 친밀한 우호 관계'라는 생각에 빠지고, 중국 측의 입장을 미리 헤아려 중국 측에 유리한 발언을 되풀이하게 된다. 결국에는 중국이 아무런 지시를 내리지 않아도 메신저로서 스스로 중국 공산당의 입장을 대변하여 움직이게 된다.

봅 카 등의 친중인사들은 곧잘 "중국과 (자국과의) 상호 이해를 깊게 한다"고 말하는데, 실은 중국도 아니고 중국 공산당과의 이해가 깊어지는 것이며 일방적으로 **그쪽의 의도에 그저 따르는 형태로 이해가 깊어질 뿐**, 반대로 자국 측의 입장이나 서구 사회의 가치에 대한 이해가 중국 국내에서 깊어지는 일은 전혀 없다. 그럼에도 불구하고 "상호 이해와 조화에 이바지한다"라는 거대한 환상이 그들의 행동을 잘못된 방향으로 가게 한다.

이러한 '우호의 늪'에 걸려든 다른 예로 캐나다의 존 맥컬럼(John McCallum) 주중국 대사가 있다. 중국에 홀린 나머지 "중국 당국이 나에게 호의적"이라고 착각하여 "캐나다는 미국보다 중국과 공통점이 더 많다", "베이징과 화해하라"(나중에 언급할 화웨이 문제와 관련)고 주장하기에 이르렀다.

왼쪽 사진은 1991~1996년까지 호주 총리를 지낸 폴 키팅 전 노동당 대표. 오른쪽 사진은 화웨이 간부를 미국에 인도하지 말 것을 자국 정부에 요구하다가 2019년 1월에 파면된 존 맥컬럼 전 주중국캐나다대사. ⓒ Lowy Institute (YouTube channel) (오른쪽) / ⓒ Flickr (Michael Ignatieff, c/o:Dave Chan)

그의 경우에는 대사로서 중국에 부임했을 때, 중국 측 친구를 원하고 있던 점과 존 맥컬럼 스스로 '인정받기를 원하는' **허영심 때문에 교묘하게 이용당했다**는 지적도 있다.

이들은 중국과의 경제 관계를 중시하여 자국 정부에 무릎을 꿇을 것을 요구한다. 자신의 자아를 충족시키는 것을 국익과 인권보다 우선한다. 그러면서 "중국 공산당에 대한 비판과 경고"에 대해서도 "차별"이라고 비난하면서 언론의 자유를 봉쇄한다. 그 첨병이 되는 존재가 바로 이런 "중국의 벗"들이다.

⑤ 중국 출신의 호주 망명 외교관 천용린은 무엇을 말하는가

호주에서 '중국의 조용한 침공'이 밝혀진 데는 중국의 외교관이면서 호주로 망명을 한 천용린(陳用林, Chen Yonglin)의 역할이 크다.

천용린은 중국 외교부의 일등서기관으로 시드니 영사관에서 근무하고 있었다. 재임 중 주된 임무는 중국에 대한 반정부인사의 단속과 감시로, 중국 민주화 운동과 대만(타이완) 독립, 티베트 독립, 위구르 독립에 관계된 사람들이 대상이었다. 특히 파룬궁 신자에 대한 감시가 엄격했는데, 신자가 여권을 갱신하러 오면 문제 삼아 **귀국을 강요**하고, 현지 경찰에 압력을 넣어 그들의 활동을 제한하도록 손을 썼다고 증언했다.

천용린이 호주로 망명한 것은 2005년의 일이다. 그러나 그의 정보가 드러나는 데에 약 12년의 세월이 필요했다. 『중국의 조용한 침공』을 집필하면서 클라이브 해밀턴은 천용린으로부터 많은 정보를 얻었다.

천용린은 중국에서 대학 재학 시절, 민주화 운동에 가담했다. 그의 아버지도 일찍이 문화대혁명에 반대하여 당을 비판하는 대자보를 만든 일로 체포되어 결국 죽음의 운명에 처했다고 한다. 천용린도 1989년 천안문 사건을 보고 중국 공산당의 실태를 알게 됐다. '서방 국가로 가고 싶다'고 생각했으나 용기가 없었다고 본인은 말한다. 그 후 중국 공산당 하에서 '재교육'을 받아 중국 외교부에 들어가 2001년에 호주의 영사관 직원으로 부임했다.

천용린은 2002년에 호주가 중국 광저우 성에 천연가스를 공급하는 계약을 따냈을 때의 '뒷사정'도 폭로했다. 중국 정부는 당초에 가장 싼 계약안을 제시한 인도네시아와 계약을 맺을 생각이었는데, 당 중앙위원회로부터 "호주로 바꾸라"는 간섭이 들어왔다. 그 이유는 '당시에 완전히 미국과 동조하던 호주를 앞으로 중국 편으로 돌려놓기 위해선 **경제적 수단을 써야 한다**'라고 중국 공산당이 판단했기 때문이다.

2015년 3월 28일, 시드니에서 중국, 홍콩, 대만의 민주주의 관련 컨퍼런스에서 연설을 하고 있는 천용린 전 중국 영사. 천용린은 2005년에 호주 정부에 정치 망명을 요청한 이후, 가족과 함께 오랜 잠적생활을 이어가고 있다.
ⓒShujenchang

중국은 자국의 '오염 관료'에게도 자비가 없다. "부정부패한 관료가 미국, 유럽연합(EU) 등의 민주주의 국가로 도망치게 되면, 중국 정보기관에서 파견된 공작원은 이 관료를 귀국시키기 위하여 **친척을 협박하는데, 특히 자녀를 납치**하는 일이 자주 있다. 중국 공안부의 해외 정보 네트워크는 주로 이러한 임무를 맡고 있다"고 천용린은 무서운 내용을 증언했다.

천용린은 또 중국 공산당에 의한 외국 정치인 포섭 공작에 대해서도 상세히 증언했다. "뇌물을 줄 때는 정치인을 초대하여 중국 호화 여행을 준비하는 것도 하나의 방법이다. 당국은 직접 앞에 나서지 않지만, 중국 기업의 관계자 등에게 지시하여 중국에 도착한 호주 정치인에게 성적 향응을 제공한다. 중국에 다녀온 정부 관계자 대부분은 중국에 대한 태도가 확 바뀌어 중국 공산당을 지지하는 듯한 주장이 눈에 띄게 늘어난다."

천융린은 호주 국내에 당시 1천 명 이상의 간첩이 있었으며, 현재는 더 늘어나 수천 명이 있다고 지적했다. 중국 간첩은 첩보 부문의 신분을 숨기고서 호주 사회의 다양한 곳에 퍼져있다고 한다.

제 2 장

매수된 국토와 사회

⑥ '네 가지 부덕'으로 협력자를 엮는다

오래전 영국의 정보기관인 MI5가 작성한 '중국을 방문하는 기업인을 위한 안전 매뉴얼'에는 이러한 주의 사항이 적혀 있었다고 한다.

첫째, 아첨이나 선심성 접대를 조심하라.

둘째, 친구라는 이름으로 하는 권유를 조심하라.

셋째, 은혜를 베풀게 하지 마라. 보답을 요구받는 사이에 협력자가 될 수밖에 없다.

이러한 중국의 수법은 지금도 살아있다. 아무런 이해관계도 없이 다가오는 일은 없다. **목적이 있기 때문에 친구가 되는 것**이다. 중국이 다른 나라에서 협력자를 길러낼 때 이용하는 '네 가지 부덕'이 있다.

첫째, 성욕, 둘째, 명예욕, 셋째, 복수욕, 넷째, 탐욕

인간은 이러한 욕구가 자극받으면 약해진다. 셋째인 복수욕은 중국 공산당이 '애국 교육', '민족 교육'에서 '서양이 중국에 계속해서 준 굴욕'을 인민에게 주입하는 형태로 이용한다. 외국인의 경우, 자국에서 부당한 평가를 받았다고 느끼는 사람일수록 걸려들기 쉽다.

외국인을 대상으로 하는 공작으로 유명한 것은 첫째인 성욕을 자극하는 이른바 '허니 트랩(honey trap)'이다. 목표물이 남성일 때 많이 사용되는 수법으로, 여성을 접촉케 하여 약점이 될 사진을 찍어 협박하거나 깊은 관계가 되어 정보를 얻거나 그 사람의 생각이 중국에 편향되도록 서서히 바꾸어 나간다.

영국 런던 부시장이었던 이안 클레멘트(Ian Clement)는 2008년 하

계올림픽 때 베이징에서 체류하던 중, 한 여성이 말을 걸어와 호텔 방으로 데려갔는데, 여성이 약을 먹여 정신을 잃고 말았다. 눈을 뜨자 가방 속 서류가 도둑맞았고 휴대전화 데이터도 다운로드되어 있었다.

2009년에 호주에서 발각된 것이 국방부 장관인 조엘 피츠기번(Joel A. Fitzgibbon) 사건이다. 그는 중국의 군 첩보 조직과 가까운 관계에 있는 여성 사업가 헬렌 류(류하이옌)와 "상당히 친밀한" 관계가 되어 국방부 장관 취임 전에 두 번 비밀리에 중국을 방문했다.

그때의 비공식 보고서 내용은 "너무나 심각한 추문"이어서 더 이상의 조사가 흐지부지되었고, 사건의 보도는 "호주 국내에서 반중 감정을 선동할 수도 있다"는 이유로 중단되었다고 한다.

2009년에 인민해방군, 정보기관과 가까운 관계로 보이는 중국계 여성 사업가와의 스캔들이 보도된 조엘 피츠기번 전 호주국방부 장관. 그 중국계 여성 여성은 10년 이상에 걸쳐 조엘 피츠기번 장관과 친밀한 관계를 쌓아왔다. ⓒEPA/연합뉴스

그리고 스캔들 발각 후, 말레이시아 출신의 중국계 아내 헬레나가 역시 헬렌 류와 친밀했던 봅 카 전 외무부 장관은 "그녀가 호주의 보안 리스크인 것처럼 말하는 것은 부끄러워 해야 할 일"이라고 말하면서 곧장 헬렌 류를 옹호하고 나섰다. 이것은 앞서 언급한 '네 가지 부덕' 중에 둘째인 **명예욕을 자극받아 중국 옹호로 돌아선 사례**로, '네 가지 부덕'으로 사람을 조종하는 것이 얼마나 유효한 수단인지 알 수 있다.

일본에서도 해상 자위관의 중국 국적 아내가 이지스함 기밀정보를 손에 넣었던 사건, 또 상하이 일본총영사관의 통신 담당 사무관이 현지 노래방에서 일하는 여성과의 불륜을 빌미로 정보 제공을 요구받아 "일본을 팔지 않는 한 출국할 수 없을 것 같다"며 자살한 사건, 반출 금지인 내부 정보를 가지고 중국에 무단 입국한 해상 자위대 쓰시마경비소의 자위관이 상하이의 사무관과 같은 노래방에 출입한 사건 등이 발각된 바 있다.

⑦ 대학을 감시하는 중국인 유학생들

대학 내의 매점에 중국 공산당에 비판적인 신문인 「에포크타임스(Eporch Times)」(「대기원시보(大紀元時報)」라고도 한다.)가 눈에 띄면 "누가 허가한 것이냐"라고 하면서 큰 소리로 불쾌감을 드러내며 쓰레기통에 버린다. 수업에서 중국 영토 문제에 대해 다룬 강사를 "중국의 주장과 다르니 용서할 수 없다"고 규탄한다. 홍콩과 대만(타이완)을 국가로 대우하면 "상처받았다"고 하면서 소동을 부린다. 중국에 비판적인 영화 상영회나 달라이 라마의 강연회에 결사반대하여서 결국 행사를 중단하도록 만든다.

이것은 모두 호주 국내 대학에 유학 중인 중국인 유학생들이 취한 행동이다. 유학생은 서방 국가의 기본 가치인 '학문의 자유'나 '자유로운 교풍'을 짓밟고, 서구 국가의 대학 내에서 반중국적인 동향이 없는지 감시하며 그런 동향이 발각되면 소동을 일으키는 **'감시원'**의 역할을 하고 있다.

유소년기부터 '애국 교육', '민족 교육'을 받아 중국 공산당을 향한 충성심과 중국이 근대에 열강 제국으로부터 받은 굴욕감을 주입받은 학생은 해외에 나가도 중국 공산당에 대한 비판을 허락하지 않고 '자신을 향한 비난'으로 받아들여 피해자 의식을 전면에 드러내며 반발한다.

1990년대부터 중국 공산당은 해외에 퍼진 중국인 유학생들을 관리하기 시작했는데, 초기에는 유학생들이 할지도 모르는 중국 비판을 감시할 뿐이었다. 그것이 2010년대에는 "유학생들이 서양적 가치에 감염되지 않도록 하는 것"이 목적이 되었고, 나아가 서양 대학을 중국 공산당의 가치관으로 물들일 수도 있는 상황으로까지 내달았다.

중국 국내에서 이루어지는 **인민의 상호 감시**를 유학생을 이용하여 호주에서도 실시했다. 호주 학생이나 교사가 중국 정부의 입장과 다른 언동을 하면 "인종차별이다", "상처받았다"고 시끄럽게 만들어 대사관이나 미디어에 보고하여 사건화한다. 중국인 학생이 조국을 비판하는 듯한 언동을 보이면 대사관에 연락이 가서, 중국 국가안전부의 직원이 중국 국내의 부모님을 '방문'하게 되는 두려운 감시 체제가 갖춰져 있다.

2008년 4월 24일, 호주 수도 캔버라의 국회의사당 앞에서 실시된 베이징올림픽 성화 봉송을 둘러싸고 서로 다투는 티베트 지지자와 중국 지지자. 이 시위에 중국인 유학생이 대량 동원되었다는 사실이 밝혀졌고, 이와 같은 사건은 같은 해 2008년 일본 나가노에서의 성화 봉송에서도 발생했다.
ⓒEPA/연합뉴스

중국 영사관과 대사관은 중국인 유학생들의 동향을 항상 파악하고 있을 뿐만 아니라 그 지도와 활동 자금 제공도 중국계 학생 단체를 통해서 하고 있다. 2008년 호주 캔버라의 베이징 하계올림픽 성화 봉송에서는 유학생들이 대사관의 호령 아래 대규모로 동원될 정도로 체제가 정비된 모습을 보였다.

서양의 대학에 유학한 중국인 유학생이 자국과는 다른 가치관을 접하며 다양성을 배우는 것이 아니라 현지를 빨갛게 물들이는 첨병이 된다. 시진핑이 "유학생은 중국의 영향력 확대 공작의 중심적 존재"로 위치지운 대로다.

반면에 대학의 자치, 학문의 자유를 중시해온 호주 대학 측은 입을 꾹 닫고 있다. 2017년, 호주 국내의 중국인 유학생 수는 13만 명에 달하며, 호주국립대학(ANU) 국제부 유학생의 60%를 중국 출신 학생이 점하고 있다. 대학 재정 수입의 15%가 중국인 유학생으로부터 조달되는 호주국립대학 총장은 "(대학 운영은) 그들의 수업료에 **완전히 의존하고 있다**"라고 말하는 지경에 이르렀다. 여기서도 '호주의 중국화'가 진행 중이다.

⑧ '반공 시위'를 사유로 정학 조치, 호주 현지 학생의 우울

중국 공산당의 의향에 따르도록 강요받는 것은 중국계 이민자의 자녀나 중국인 유학생뿐만이 아니다. 서구 국가의 대학이 중국인 유학생의 학비와 입학금, 중국계 사업가의 기부에 의존하면 대학교수와 학생도 그 영향력에서 벗어날 수 없게 된다.

호주의 퀸즐랜드대학에서는 홍콩의 민주화 운동을 지원하는 활동을 한 드류 파블로(Drew Pavlou)라는 학생이 2년간의 정학 처분을 받았다. 대학 측은 SNS에서 그의 폭언이 "대학의 규범을 위반했다"고 했으나, '피해자'에 해당하는 학생은 오히려 "개인 특유의 질 나쁜 경향은 있는 것으로 보이지만 딱히 피해는 없었다"고 증언했다. 진짜 '죄'는 **중국 공산당의 심기를 거스른 점**이라는 실태를 떠올리게 한다.

실제로 정학 처분에 해당한다고 꼽은 11개의 죄목 대부분은 '반공산당적 활동'으로 보인다. 등록금 수입의 20%를 중국 본토의 유학생에 기대는 이 대학은 압력에 굴하여 현지 학생을 내쫓으려 하는 것이다.

실은 드류 파블로야말로 오히려 피해자였다. 홍콩 지지 시위는 현지의 중국인 학생, 유학생들로부터 심한 반발을 받아 두 번이나 폭력으로 물들었다고 증언한다. 이러한 중국 공산당 지지자의 '반발'에 중국 공산당의 공적 기관은 일종의 보증서를 써주었다. 주퀸즐랜드 중국 영사관 총영사인 수제(徐杰, Xu Jie)는 영사관의 공식 홈페이지에서 성명을 발표했다. **홍콩 지지 활동은 중국을 분열시키는 활동**으로, "음모를 품은 소수의 사람들이 퀸즐랜드대학에서 반중 활동을 펼치고 있다"고 비난했다. 총영사가 폭행

사건을 일으킨 중국인 유학생의 "애국적 행동을 칭찬한다"는 내용의 성명을 발표하자, 호주의 외무부 장관은 이를 비판했다.

「환구시보」나 호주의 친중파 언론은 "드류 파블로는 홍콩의 저항 활동을 후원하는 주요 운동가다"라고 하면서 실명을 언급하며 보도했다. '인민의 적'으로 만든 것이다. 협박도 이어졌는데, 드류 파블로는 굴하지 않았다.

호주 브리즈번의 퀸즐랜드대학교 학생 드류 파블로(사진 가운데)는 2019년부터 홍콩 민주파 시위와 위구르, 티베트의 중국 억압 정책에 항의하고, 또 퀸즐랜드대학과 중국과의 관계에 반대하는 활동으로 정학 처분을 받았다. (2020년 5월 30일 촬영) ⓒ EPA/연합뉴스

드류 파블로는 "일련의 민주화 운동은 퀸즐랜드주의 '평화와 선량한 행동법'을 바탕으로 한 것으로, 총영사가 말하는 '분열주의'라는 비판은 옳지 않다"면서, 중국 총영사에게 발언을 철회하고 사죄하라고 요구했다. 소송을 제기한 것이다.

다행히 드류 파블로의 사례가 친중적이지 않은 호주 국내의 언론들에서 다루어졌고, 또 거의 모든 언론사들이 대학 측의 중국 공산당에 의한 압력을 비판하고 나섰다.

이전부터 각지의 중국 대사관과 영사관은 미국과 유럽 대학에 간섭을 시도해 왔고, 홍콩과 대만의 민주화 운동을 지지하는 행사나 달라이 라마 초청을 압력으로 무력화해 왔다. 학비와 기부를 당근으로 주고, 생각대로 움직이지 않으면 중국인 유학생을 동원하여 소동을 일으키거나 자금을 끊는다는 식으로 채찍을 휘두른다. 이렇게 해서 중국 공산당이 지시하지 않아도 대학 측은 **'자기 검열'**을 하며 중국 공산당의 뜻대로 움직이게 된다.

'차이나머니'에 눈이 멀어 학문의 자유도, 자국과 지역 학생의 인권마저 내팽개치는 대학의 존재 의의를 다시금 되묻게 된다.

⑨ 차례로 매수되고 있는 호주의 항구

해운 분야를 증강하고 '일대일로'의 해양판이라 할 수 있는 바다의 실크로드 전략을 펼치고 있는 중국 공산당. 그 해양 정책의 핵심이 되는 것이 중국군과 민간의 배가 기항할 수 있는 항만 거점이다.

장기 계획에 따라 호주의 항구는 차례로 중국계 기업에 매수되거나 장기 임대되었다.

2014년에 뉴사우스웨일스 주의 뉴캐슬 항구를 중국의 국영 복합기업인 자오상쥐그룹(招商局集團, China Merchants Group)이 17억 달러에 사들였다. 2016년에는 빅토리아 주의 호주 최대 규모를 자랑하는 멜버른 항구가 중국 국영 국부 펀드인 CIC 캐피탈(中國投資公司, China Investment Corporation)에 매각되었다.

특히 주목할 대상은 2015년, 호주 노던 준주(Northern Territory)의 주도(州都)인 다윈에 있는 다윈항을 **99년간 조차**하기로 한 중국 기업 랜드브리지그룹(Landbridge Group)이다.

다윈항은 중국인민해방군 해군의 적극적인 해양 진출 전략에 따라서 남태평양의 전략 거점으로 중요성이 높아지고 있어, 미군이 해병대 부대의 순환배치나 훈련용도로도 쓰는 등, 미 해군의 기항지로 중요시되었다.

'전략적 중요성'은 중국도 마찬가지다. 랜드브리지그룹 회장인 예청(葉成, Ye Cheng)은 인민해방군 출신으로, 호주에서 통상투자부 장관을 지낸 앤드루 롭에게 거액을 지불했던 사실도 드러났다.

랜드브리지의 사내 문서에는 그들이 해상민병부대를 운영하고 있음을 나타내는 부분이 있다. '해상민병'이란 군에서 훈련받은 민간인을 가리키는데, 민간인의 이점을 살린 정보수집이나 어장을 두고 다투는 타국의 어민을 위협하는 역할을 맡는다. 민간인과 군인의 '회색지대'를 교묘하게 파고들어 상대편 군대가 출동하지 않는 선을 지키면서 자국에 유리한 해양 활동을 펼치는데, 유사시에는 중국의 군사적 활동을 지원한다.

호주 북부 노던 준주의 다윈 항구. 2015년 10월, 이 항만의 관리권이 중국 기업인 '랜드브리지'로 이전되었다. 호주에서는 아시아에 가장 가까운 위치에 있는 전략적으로 중요한 항구로 미 해병대가 주둔하고 있다. ⓒXinhua/연합뉴스

만일 소란이나 항만 봉쇄와 같은 사태가 일어나면 중국이 "항만에서 일하는 자국민을 구출하기 위함", "일대일로를 지키기 위함"이라는 명분을 내걸며 <u>해외 파병의 구실</u>로 삼을 위험성마저 있다.

중국 공산당은 이미 "어떠한 사태의 경우에 해외 파병이 가능한지"

에 대한 검토를 진행하고 있다.

　인민해방군은 2017년에 첫 '해외의 항구적 거점'이 되는 해외 기지를 아프리카 지부티(Djibouti)에 구축했는데, 중국 소유의 해외 항만은 증가하고 있으며 같은 해 시점에서 **전 세계에 무려 60곳**을 소유하기에 이르렀다.

　그 매수 방법은 비열하다. 갚을 수가 없는 수준의 돈을 현지 정부에 빌려주고, 빌려준 돈의 담보로 노리고 있던 항만의 소유권을 압류한다. 이러한 방식은 아프리카 지식인들의 입에서 "이전 제국주의 시대에 열강 각국이 그립게 느껴질 정도다"라는 말이 절로 나오게 할 정도로 냉혹한 것이다. 호주 뉴캐슬 항구를 매수한 중국 기업 자오상쥐그룹에 함반토타 항구를 매수당한 스리랑카에서는 현지 주민이 "중국의 식민지가 되고 싶지 않다"며 시위를 벌여, 매수가 한때 보류되기도 했었다. 올바른 판단이었다고 말할 수 있다.

⑩ '중국의 밭'이 되어가는 호주의 농지

부유층이 증가하고 있는 중국의 식생활은 급속도로 서구화되고 있다. 그 때문에 중국 공산당은 **'단백질의 적자(タンパク質の赤字, animal protein deficit)'**(인구와 소득이 늘어 단백질 소비량은 현저히 증가하지만 오염과 환경 파괴로 인해 경작지가 한정되어 특히 동물성 단백질이 부족해지는 현상. - 옮긴이)라고 불리는 식량난을 두려워한다. 환경 파괴와 오염으로 인해 중국 국내에서 농지나 목장으로 쓸 수 있는 토지가 한정되어 있어 육류 등을 해외로부터의 수입에 기대지 않으면 안 되기 때문이다.

중국의 부유층은 중국산의 위험한 식재료가 아닌 외국산의 안전한 식료품을 원한다.

2008년, 중국제 유아용 분유에 합성수지의 재료가 되는 멜라민이 혼입된 사건이 발생하여 유아 6명이 사망하고 30만 명 이상이 피해를 입어, 중국은 패닉 상태에 빠졌다. 부유층은 국외에서 분유를 사들였다.

이때 생긴 중국제 분유에 대한 불신감은 지금도 지워지지 않아, 해외에서 사들이는 움직임이 이어지고 있다. 2018년, 호주에서는 사재기를 통해 유아용 분유를 대거 중국인에게 팔아넘기고 있었다는 사실이 큰 문제가 되었다. 중국계 이민자가 중국에 사는 소비자를 위해 '대리 구매'하고 있던 사실도 알려졌다.

2016년, 2019년에는 기항한 중국 해군의 승선원이 호주에서 분유를 '싹쓸이'한 사실이 화제가 되었다. 덧붙여, 이때는 중국 군함의 입항을 호주 정부가 국민에게 알리지 않아서 더 큰 비난을 받았다.

'중국산'을 향한 중국 부유층의 불신감은 분유에 그치지 않는다. 이에 중국 공산당은 해외의 농산물, 축산물의 수입선 확보를 전제로 오스트레일리아는 물론, 뉴질랜드와 아프리카, 라틴 아메리카로 **투자를 장려**하고 있다. 2016년에는 중국이 호주의 농업에 투자한 총액이 약 10억 달러(한화 약 1조 1,595억 원)로, 전년도의 3배 이상의 붐이 일었다.

2014년 11월 18일, 호주 남부의 태즈메이니아 주를 방문하여, 환영하는 현지 아이들과 악수하는 시진핑. 뒤로 보이는 것은 부인인 펑리위안. 이때 이후로 호주 국내에서는 벽지로 불리던 태즈메이니아에 중국인 관광객과 중국으로부터의 투자가 급증했다. ⓒEPA/연합뉴스

'싱싱하고 안전'하다는 호주산 상품의 이미지가 배경에 있다.

호주에서는 특히 남부의 태즈메이니아(Tasmania)나 북부의 다윈(Darwin)이 타깃이 되었는데, 시진핑은 2014년 호주 의회 연설에서 "중국은 호주 북부의 개발을 지원하겠다"고 밝히며 호주인들을 기쁘게 했지만, "지원"의 목적은 물론 중국과 중국 공산당의 이익이었다.

겉으로는 현지 기업에 투자하고 생산품 일부를 수입품으로 확보하는 것이 목적인 듯 보였지만, 기업을 매수하거나 대륙에서 온 중국인 노동자를 보내어 중국에 수출만 하는 기업으로 변모시킨다. 즉, 호주의 농지는 '중국의 밭'으로 변한 것이다.

어느 나라에서든 과소 지역의 농업과 축산업에는 가족 영세 경영으로 이어나가는 곳이 남아 있다. 중국은 이러한 '매수하기 쉬운' 지역과 사업에 눈을 돌려 사들이고, 통합하여 **중국을 위한 대규모 농지와 대규모 목장**으로 만들려 하고 있다.

이렇게 해서 '중국인을 위한 농장·목장'만이 살아남게 되면 '단백질의 적자'에 빠지는 것은 현지의 소비자가 될 수밖에 없다.

⑪ 자유자재로 쓰이는 '외교 카드', 중국인 관광객

사람도 경제도 무기로 일삼는 중국 공산당에 있어 둘을 겸비한 중요한 수단이 '중국인 관광객'이다.

해를 거듭해 부유해지는 중국인들은 모두 세계 각지에 해외여행을 떠나게 되었다. 중국 공산당 측은 "바깥 세계에서 다른 가치관을 접하는" 해외여행은 단체 여행을 중심으로 당의 감시자를 붙여 관광객끼리는 물론이고 여행지에서 만나는 화교까지 철저히 감시하며, 오히려 관광객을 자신들의 **경제·외교 카드**로 쓰게 되었다.

다시 말해 중국인 관광객이 여행을 가서 생겨나는 경제적 이익을 조정하여, 상대 국가와의 관계가 경색됐을 경우는 중국인 관광객의 유입을 막아서 상대 국가에 경제적 타격을 입히려는 속내다.

호주에서는 중국인 관광객이 매년 증가 경향에 있는데, 2013년부터 2018년까지 5년간 72만 명에서 143만 명으로 거의 2배가 되었다. 세계에서도 열 손가락 안에 드는 관광 국가인 호주에서는 체류 기간이 길고 돈을 많이 쓰는 중국인 관광객은 "귀중한 손님"이라고 한다.

그러나 이것이 덫이다. 어느 분야에서 중국 의존도가 높아지면 중국이 그것을 '카드'로 사용하는 효과도 높아진다. 2020년, 코로나19가 유행하며 호주가 "(발생원(発生源)인) 중국을 독립적으로 조사하자"고 주장하자, 중국 공산당은 격노했다. 주특기인 '중국 정부·공산당 비판을 차별로 치환하는' 수법으로 **"인종차별이 심해졌으니 호주에는 여행을 가지 않도록"** 중국 국내에 통지를 내렸다.

코로나19의 종식 후에도 이 금지가 언제까지 이어지고 호주의 관광 수입에 어느 정도의 타격을 줄지 우려스럽다.

안보 문제에서도 관광객은 카드로 쓰인다. 2017년 3월, 한국은 미국에 요청하여 탄도 미사일 방위 시스템인 사드(THAAD)를 배치했다.

2020년 1월 28일 일본 도쿄 긴자에서 마스크를 쓰고 쇼핑을 하는 중국인 관광객들. 일본은 춘절이나 국경절 등의 대형 연휴를 이용하여 일본을 찾는 중국인 단체 관광객들을 '싹쓸이 쇼핑객'으로 대접했다. 이 때문에 코로나 감염자의 입국도 막지 못했고 일본의 관광 산업은 큰 타격을 입었다. 대만의 대응과 좋은 대조를 이룬다. ⓒAP/연합뉴스

어디까지나 북조선(북한)을 대상으로 한 조치인데도 중국이 반발하고 나섰다. 43건이나 되는 보복 조치 중 하나가 중국인 여행객의 제한으로, 중국은 한국행 단체 여행을 금지했다. 이 조치는 한국에 큰 타격을 주었다.

중국의 괴롭힘을 당하던 대만은 2016년 5월, 민진당의 차이잉원

이 총통으로 취임하자 중국에서 대만을 찾는 관광객의 수가 36% 감소했다. 당연히 중국 당국이 내린 지시다. 타이베이의 여행 관계자들마저도 "중국을 배려하라"며 자국 정부를 대상으로 항의 시위를 했을 정도다. 이러한 상황에서도 차이잉원 총통이 강경하게 나선 것은 이 기회에 **중국 이외 국가의 관광객을 유치하여 경제적 타격을 줄이려고 했기 때문**이다.

한편 중국 우한에서 코로나가 유행하기 시작했음에도 당시 일본의 아베 총리는 "춘절 휴가에는 꼭 일본으로 여행하러 오십시오"라며 중국인 관광객을 환영하는 메시지를 공개하며 비판을 받았던 바 있다.

"대중국 의존도가 높아서 중국의 뜻을 거스를 수 없다"며 탄식할 것이 아니라, "대중국 의존도를 낮추면서 이익을 유지하고자 하는" 대만의 정책이야말로 중국에 경제를 뿌리째 저당이 잡힌 각국이 배워야 할 자세다.

제 3 장

반미 감정을 이용하다

⑫ "미국이야말로 어떤가"라고 말하는 사람은 중국의 인권 상황에는 침묵한다

중국 공산당이 자행하는 공작의 위험성을 지적하면 빈번히 되돌아오는 말이 있다. "그렇다면 미국이 하는 행동은 어떤가?"라는 말이다. 미국 역시 압력을 행사하여 호주나 일본을 입맛대로 움직이게 하지 않나, 하는 의미다. 특히 유럽이나 호주의 좌파는 유럽과 호주가 미국과 함께 이라크 전쟁과 아프간 전쟁에 협력해야만 했던 과거를 뼈아프게 생각하고 있어서 이러한 주장을 내세우곤 한다.

나아가 트럼프 정권 아래의 미국에서는 2020년에 경찰관이 흑인 용의자를 과잉 진압으로 죽음에 이르게 한 사건이 여럿 발생했다. 인종 대립이 분출하고 각지에서 폭동과 충돌이 일어났다. 이런 현실은 "홍콩 경찰이 시위대에 가하는 폭력을 문제시하는데, 미국이야말로 어떠한가?"라고 하면서 중국 공산당과 그 옹호론자들에게는 미국 국내에서 깊어지는 분열과 민주주의 국가의 인권 상황에 의문을 던지게 하여 중국의 인권 억압에 대한 비판을 봉쇄할 수 있었던 좋은 기회였다.

이러한 '그쪽이야말로어떠한가-주의(whataboutism)'를 중국 공산당이 호주 공격에 이용한 사건이 2020년 11월 말에 일어났다. 아프간 전쟁에서 호주군이 불법적으로 민간인을 살해한 것이 아니냐는 의혹을 제기하는 호주 국방부의 보고서가 공개되자, 중국 외교부의 자오리젠 대변인은 호주 병사가 아프가니스탄의 어린이에게 피 묻은 칼을 들이미는 합성 영상을 트위터에 업로드했다. 그러면서 "호주 병사가 아프가니스탄에서 시민과 포로를 살해한 사실에 충격을 받았다. 이러한 행위를 강하게 비난하며 책임을 지라고 요구할 것이다"라는 말을 덧붙였다.

조작 사진을 사용한 공격에 호주 측은 사실과 다른 중상모략이라며 펄쩍 뛰며 철회와 사과를 요구했지만, 중국 외교부의 화춘잉 대변인은 "영상은 호주 보도를 바탕으로 한 '일러스트'일 뿐이다. 호주의 진짜 목적은 사람들의 시선을 딴 데로 돌리고 중국으로부터 사실과 진상을 말할 권리를 빼앗는 데 있다"며 맞받아쳤다.

이 사진은 2020년 11월, 중국 외교부의 자오리젠 대변인이 트위터에 올린 것으로, 호주 병사가 아프가니스탄 어린이의 목에 피 묻은 칼을 갖다 대는 합성 가짜 사진이다. 스콧 모리슨 호주 총리는 크게 반발하며 사과를 요구했지만 중국은 이에 제대로 응하지 않았다.

거센 반격은 중국의 '전랑외교'를 상징하는 태도다.

홍콩 민주화 세력을 향한 탄압과 신장위구르 자치구의 '강제수용소'의 존재와 관련해서 '인권 침해'로 비판받아온 중국 공산당이 "그쪽이야말로 어떠한가" 하고 강하게 반격에 나선 것이다.

하지만 서구 국가에 인권 문제가 있다고 하더라도 중국 공산당의 인권 탄압이 용인받을 수 있는 것은 아니다. 어떻든 민주주의 국가에서는 자국 정부의 잘못을 비판하는 **언론의 자유**가 있고, **선거**에 따라 잘못된 정치 지도자를 교체할 수 있다. 호주 정부는 자국 병사의 잘못된 행동을 인정했으며 실제로 이에 대처했다. 그러나 중국 공산당의 정치 체제는 당을 지키기 위해서라면 인권은 무시된다. 시진핑에 대한 비판은 처벌받으며 해외에서의 중국 비판조차 틀어막으려 하고 있다. 양쪽을 같은 선상에 두고 비교할 수 있을까.

반미 의식으로 "미국이야말로 어떠한가"하고 탓하는 사람들은 **"중국은 어쩔 수 없다"**면서 중국에 대한 비판은 억제하는 경향이 있다. 왜 인권에 이중기준(더블스탠다드)을 용인하는지 다시 생각해볼 문제다.

⑬ 반미감정, 반트럼프감정을 이용하면서 각국의 정치인을 돈으로 무너뜨리다

 호주가 중국 공산당의 타깃이 된 것은 '미국의 동맹국 중에서 가장 약한 사슬'이라고 간주됐기 때문인데, 다른 동맹국에서도 중국의 영향력은 날이 갈수록 강해지고 있다.
 미국과 이웃한 캐나다에서는 친중 엘리트의 두터운 네트워크가 형성되어 중국계 부호가 정치인에게 **거액의 정치후원금**을 건네고 있다. 그 대표격이 쥐스탱 트뤼도 총리다. 중국계 부호의 저택에서 정치 후원 파티가 열렸고, 다른 부호는 쥐스탱 트뤼도의 아버지(피에르 트뤼도는 1970년도에 중국과 캐나다의 수교를 이끈 인물이다.) 동상을 몬트리올대학에 세웠다. 아버지의 이름을 내세운 자선재단은 한 중국인으로부터 20만 달러의 기부를 받았다. 이렇게 노골적인 사례도 드물다. 중국계 캐나다인의 정치 진출도 진전되어, 캐나다의 정보기관 수장이 "두 개 주의 각료가 외국 정부의 영향 아래에 있다"고 경고에 나서기도 했다.
 유럽연합(EU) 각국에서는 중국 공산당과 각국 정당의 교류(당끼리의 교류)가 활발했다. 중국 공산당은 우익과도, 좌익과도 관계가 깊다. 2017년에 중국이 주최한 '중국 공산당과 세계 정당 지도층의 대화' 회의에는 미국 공화당에서도 참가했고, 대표자들은 시진핑을 높이 평가하는 '베이징 이니셔티브'에 합의했다.
 미국 대통령 조 바이든의 아들 헌터 바이든의 중국 비즈니스 문제도 보도되고 있다. 2013년 12월, 당시 바이든 부통령의 중국 방문에 아들도 부통령 전용기로 동행하자 즉시 그의 회사(2013년 6월에 존 케리 아내의 의붓자식을 포함한 2명의 기업가와 설립)는 해당 분야에서 업력이 부족함에도 불구하고 중국 정부가 소유하고 공산당이 관리하는 '중국은행(中國銀行, Bank of China Limited)'을 대주주로 하는 'BHR 파트너스(BHR Partners)'라는 펀드를 열었다. 전문가에 따르면 헌터 바이든이 가진 주식은 약 2천만 달러의 가치가 있다고 전해진다. 바이든뿐만 아니라 트럼프의 딸 이방카 트럼프, 그녀의 남편인 제라드 쿠슈너도 중국과 사업을 벌이고 있다.

캐나다의 쥐스탱 트뤼도 총리와 관련해 중국계 후원자가 깊은 관계에 있다는 사실이 보도되었다. 2013년에는 한 후원자에게 중국의 독재 정권은 일을 진전시킬 수 있다는 점이 뛰어나다고 말했다고 한다. 사진은 2017년, 캐나다 밴쿠버 중국계 커뮤니티의 춘절 행사에 참여한 쥐스탱 트뤼도 총리. ⓒ AP/연합뉴스

이것이 미국과 중국의 외교에 직접 영향을 미치지는 않지만, 유력한 인물의 가족을 비즈니스나 우호라는 이름 아래 농락하고 영향력을 미치려고 하는 것도 중국 공산당의 전략 중 하나다. 미국 정계에서 중국으로부터 가장 '공작'을 많이 받는 것은 부자가 모두 대통령을 지낸 정치가 집안인 **부시 집안**이다. 현재 중국의 노림수는 아들 부시 대통령(George W. Bush)의 세번째 동생인 닐 부시(Neil M. Bush)에 대한 것으로 정해져 있다. 닐 부시는 "중국의 지도자는 인민에 대한 배려를 통해 움직인다"라고 발언하는 등, 거의 선전 요원으로 변한 상황이다.

유럽연합(EU) 각국에서는 비즈니스를 중심으로 한 '우호 클럽'을 중축으로 삼아 중국과의 관계를 깊게 하고 있다. 영국의 '48클럽', 프랑스의 '프랑스·중국(불·중) 재단', 독일의 '중국경제협력센터' 등, 이러한 조직과 이와 관련된 사람들의 '교류'가 이루어지며, 여기서 '일대일로 지지' 등의 입장이 나오고 있다.

독일에서는 루돌프 샤핑(Rudolf Scharping) 전 국방부 장관이 "중국을 향한 사랑이 눈에 보일 정도"라고 평가받을 정도로 공헌하여 중국 공산당으로부터 훈장을 받았다.

앙겔라 메르켈 대통령은 독일의 5G 인터넷의 화웨이 도입을 결정했다. 프랑스의 장-피에르 라파랭(Jean-Pierre Raffarin)은 총리로 재임하던 2005년에 "중국이 '반국가분열법'에 따라 대만을 무력으로 병합하는 것은 온전하게 옳은 일이다"라고 발언했다.

벨기에의 첩보기관에 따르면 북대서양조약기구(NATO) 본부가 위치한 브뤼셀도 중국인 스파이가 활약하는 '체스판'이 되었다고 한다. 한 이탈리아 학자는 일본에서 열린 심포지움에서 "일대일로의 그 무엇을 두려워할 필요가 있는가. 단순한 물류망에 지나지 않는다"고 말해 청중을 놀라게 했는데, 이러한 주장은 중국의 군사적 압력을 받을 가능성이 작고 지리적으로도 중국에서 멀리 떨어진 유럽 각국으로선 중국의 군사적 위협이 잘 느껴지지 않기 때문일 것이다.

중국은 스스로 국제 질서를 주도하는 다자주의의 수호자라고 주장하며 '미국우선주의'인 미국과 자국을 대비시키며 각국의 지지를 얻으려 하고 있다. 각국의 반미 의식에 호소하며 중국에 대한 호의를 증대시키려고 한다.

나아가 유엔(UN), 세계보건기구(WHO), 국제형사경찰기구(INTERPOL), 적십자 등의 국제기관에 중국인 직원을 진출시키고 있다. 동시에 이러한 국제기관에서 대만을 배제하려는 움직임도 강해지고 있다.

국제기관에 작용하는 영향력에서 가장 눈여겨봐야 할 것은 여기서 국제형사경찰기구(인터폴)의 사례다. 2016년, 중국인 멍훙웨이(孟宏偉)가 총재에 취임했다. 아니나 다를까, 이듬해에 '세계위구르회의(World Uyghur Congress)'의 회장으로 위구르 출신인 독일 국적의 돌쿤 이사(Dolkun Isa)가 이탈리아 경찰에 구속되었다. 국제 수배를 내린 것은 중국으로, 요청에 따라 체포했다고 한다.

인터폴은 2018년에 돌쿤 이사의 체포 영장을 결국 취소했는데, 이러한 사례는 그야말로 '국제사회 전체가 중국화되어 중국의 뜻을 세계로 넓히고 있음'을 상징한다. 중국이 위구르족에 가하는 박해는 최근 몇 해에 걸쳐서 전 세계에 알려졌는데, 중국 공산당이 말하는 **'중국 특색의 인권'**에 따르면 그들의 위구르 정책은 '선(善)'에 지나지 않는다. 애당초 인권 의식이 완전히 다른 것이다.

2013년, 바이든 당시 부통령과 중국 베이징을 방문한 헌터 바이든(가장 왼쪽 인물). 4년 후인 2017년에 헌터 바이든은 자신의 회사가 중국 기업으로부터 500만 달러를 받은 혐의, 또 본인도 2.8캐럿의 다이아몬드를 받은 혐의와 관련해 미국 연방검찰로부터 조사를 받았다.
ⓒ AP/연합뉴스

중국에서 '법치'란 중국 공산당의 뜻대로 법이 정해짐을 의미한다. 민주주의 국가에서는 아무리 정치적으로 강한 권력을 쥐고 있더라도 법에 반하는 행동을 하면 체포된다. 그러나 중국은 그렇지 않다. 중국 공산당 비판은 금기이고 시진핑 비판은 처벌받으며 반체제파는 분리 독립 운동을 하는 테러리스트로 분류된다.

미국은 2013년에 오바마 대통령이 "세계의 경찰 역할을 내려놓겠다"라고 밝혔고, 트럼프 대통령도 '미국우선주의'를 관철해왔다. 분명 미국이 국제사회에 관여하는 것이 모두 옳았던 것은 아니다. 그러나 적어도 누구라도 미국을 비판할 수는 있으며, 미국 정부를 비판한 사실만으로 국제 지명 수배에 오르는 일은 없다.

만약 중국이 '세계의 경찰'이 된다면 중국 공산당에 대한 비판은 지구상 어디에서도 허용되지 않게 된다. '일대일로'는 이러한 **중국 공산당적 가치관을 넓히는 전략**으로, 단순한 물류망이나 무역권 확대, 인프라 수출의 이야기가 아니다.

돈과 '반미주의'에 눈이 멀어 중국을 치켜올려 세운다면 뼈아픈 보복을 당하게 될 것이다.

⑭ 브레이크 없는 유엔(UN)의 '중국화'

외국의 여론을 중국에 유리하도록 변화시키기 위해 우선 주변부와 지방에 침투하여, 결국에는 중앙과 도시부를 움직이게 하는 중국 공산당의 전략은 국제사회에서도 실행에 옮겨지고 있다.

잽싸게 급소를 찔러 중앙을 쓰러뜨린다. 영향력이 작고 그다지 눈에 띄지 않으며 저항이 없는 주변부의 조직을 아군으로 포섭한 후, 더욱 크고 힘 있는 중심 조직을 침식해 나간다. 그것이 외국, 유엔 조직, 국제사회를 불문하고 중국이 공통적으로 취하는 전략이다.

중국은 아프리카 국가 등 개발도상국에 중점적으로 투자해, 제 편이 되도록 공작을 펼쳐왔다. 가령 일대일로 구상에 '중국의 벗'이 된 개발도상국은 공개적으로 나서서 찬성의 뜻을 밝혔다.

국제사회의 중앙에 해당하는 것이 유엔이다. 또 '중국인 사무총장'은 탄생하지 않았지만, 유엔의 15개 전문기관 중 유엔식량농업기구(FAO), 국제전기통신연합(ITU), 국제민간항공기구(ICAO), 유엔공업개발기구(UNIDO)의 4개 기관에서 중국인이 수장을 맡고 있다(미국, 영국, 프랑스는 각각 1개 기관뿐). 서구 국가가 그다지 힘을 쏟지 않았던 분야에 인원을 보내 발언력을 강화하고 있다.

또 유엔에는 G77(Group of 77)이라고 하는 개발도상국의 이익을 대표하는 조직이 있다. 1964년에 설립되어 지금은 134개국이 참가하고 있는데, 중국은 일찍이 G77과 접촉하여 유엔 기관에서 중국에 유리한 발언을 하거나 움직임을 취하도록 조종해 왔다.

미국의 유엔 분담금 비율이 낮아짐에 따라 중국의 존재감은 더욱 커졌는데, 예를 들어 유엔 경제사회국(UNDESA)은 일대일로를 "중국의 것이 아니라 세계 전체의 것"으로 규정하여 추진하고, 유엔 개발계획(UNDP)이 유엔 기관으로는 처음으로 '일대일로 구상 각서'에 서명하는 등, 차근차근 침투가 이뤄지고 있다.

2014년 6월 15일, 볼리비아의 산타크루즈에서 G77 창립 50주년을 기념하여 개최된 'G77+중국 서밋' 행사 둘째 날에 볼리비아 대통령 에보 모랄레스와 기념사진을 찍고 있는 천주(陈竺, Chen Zhu) 전국인민대표회의상무위원회부위원장(당시 직함). ⓒ AP/연합뉴스

그 영향은 크다. 유엔 경제사회이사회(UNECOSOC)의 NGO인정위원회를 통해 <u>마음에 들지 않는 NGO의 등록을 저지</u>했다. 예를 들어 '언론인보호위원회(Committee to Protect Journalists, CPJ)'의 인정을 4년이나 저지하고, 독일에 거점을 둔 '억압피해민족협회'의 자문 자격을 박탈하려고 했을 뿐만 아니라 위구르인과 대만인의 출입을 엄격하게 금하고 있다. 또 서양인이라도 한때 대만언론에서 일한 적이 있다

는 이유만으로 캐나다인 언론인이 국제민간항공기구(ICAO) 총회 취재를 거부당했다.

　중국은 '미국우선주의'에 맞서며, 자신을 '다자주의의 수호자'라고 호소한다. 그러나 진짜 노림수는 '중국 공산당의 가치와 맞지 않는 국제사회의 메커니즘을 깎아 없애는 것'에 있다.

　중국은 '서양적 인권'과 '언론의 자유'를 거부하고 이를 중국식 인권과 가치관으로 바꾸려고 한다. 개인의 자유와 권리를 제한하고 **국가의 질서와 이익을 우선**해야 비로소 인권을 지킬 수 있다고 바라보는 사고방식이다. 이러한 사상이 유엔에 스며든다면 '다자주의'는 단순한 공염불일 뿐, 중국식 전체주의가 자유와 인권의 보편적 가치를 대체하게 될 것이다.

⑮ 중국과의 '무역 협정'에 주의하라!

2013년, 호주의 통상투자부 장관이었던 앤드루 롭은 취임하자 "중국과의 자유무역협정(FTA) 체결"을 선언했다. 부하 관료들이 반발하고 호주 국내에 반대 의견도 많았지만, 앤드루 롭은 "체결이 늦어지면 중국이 판을 떠난다!"라고 경고하며 조금이라도 의심의 눈초리로 보는 인물이 있으면 맹렬히 공격했다고 한다.

호주무역조합위원회는 협정 체결로 중국에서 들어오는 노동이민이 호주의 고용을 빼앗는 것이 아니냐며 우려하고 노동당도 우려를 표했지만, 일명 "베이징 봅"이라 불리는 봅 카가 회장을 지낸 호주중국관계연구소 등 '중국의 입김이 작용하는' 조직이 여론 공작에 나서 "호주가 대성공을 거둘 것이다" 등의 낙관적 의견을 확산시켰다.

이러한 공작이 성공을 거두어 국내 고용을 확보해야 한다는 의견은 "외국인 공포증, 인종차별적 활동"이라는 꼬리표가 달리며 자취를 감추었다. **중국 공산당 비판이 중국인 비판**으로 치환되는, 항상 같은 패턴이다.

또 중국수출입은행(中國进出口银行, EXIM)의 우두머리는 "호주의 노동력은 비용이 너무 지나치다. 중국인 노동자가 문제를 해결할 수 있다"는 견해를 밝히며 무역 협정 체결에 힘을 보탰다. 일본도 "일본의 노동자는 생산성이 너무 낮다"는 말을 자주 듣는 상황이므로 남의 일이 아니다.

그 결과 연방의회를 통과한 자유무역협정 법안은 호주의 모든 당에 대하여 중국에서 오는 노동자의 수에 어떠한 제약도 요구하지 않고 모든 노동시장의 규제를 금하도록 명기되었다.

다시 말해 문호 개방을 당한 것은 호주일 뿐이었고 많은 분야, 특히 중국 공산당의 전략상 중요한 인프라, 에너지산업에 대한 중국의 투자가 호주로 유입되었다. 이익 대부분은 중국으로 넘어가고 호주가 얻는 이익은 없는 것과 다름없다고 분석하는 전문가도 있을 정도였다.

호주의 통상투자부 장관이었던 앤드루 롭은 호주의 이익보다는 중국 또는 본인의 이익을 위해 활동했다는 비판을 받고 있는 호주의 대표적인 친중 인사 중에 한 사람이다. ⓒ David Foote/Auspic

2014년 11월 17일, 캔버라에서 시진핑 주석과 호주의 토니 애보트(Tony Abbott) 총리가 지켜보는 가운데 자유무역협정에 조인하고 악수하는 앤드루 롭 호주 통상투자부 장관과 가오후청 중국 상무부 장관. 앤드루 롭 호주 통상투자부 장관은 성급하게 협정을 타결했다는 비판을 받고 있다. ⓒ AP/연합뉴스

물론 중국 공산당은 무역 협정을 경제 목적만으로 맺는 것이 아니다. 경제 의존도가 높아지면 '무역을 이용해 압력을 가한다'라는 중국의 방식이 더욱 효과를 거두게 된다.

다른 속셈도 있다. 2000년 이후, 중국이 무역 협정을 체결한 것은 아세안 국가, 싱가포르, 뉴질랜드, 오스트레일리아, 한국으로 요컨대 미국의 동맹국뿐이다. 미국의 동맹국 사이를 비집고 들어가 **동맹 관계의 틈새에 쐐기를 박는 것**이 최대의 목적이다.

앤드루 롭의 활동 자금 관리 단체에는 중국계 부호로부터 총 10만 달러의 정치기부금이 들어왔고, 그중 5만 달러는 자유무역협정 체결일에 들어온 돈이라고 보도되었다. 협정 체결 직후, 앤드루 롭은 정계를 은퇴하고 여러 **중국 기업에서 일자리를 얻었다**. 그중 다윈항에 대해서 '99년 임대' 권리를 가진 랜드브리지 사는 앤드루 롭에게 연봉으로 88만 달러를 주었다. 앤드루 롭은 호주의 노동자, 나아가 국가의 안보까지도 사익을 위해 팔아치웠다고 비난을 받아도 할 말이 없을 것이다.

제 4 장

중국식 글로벌화에 유리하도록 만든다

⑯ 군·민 융합기업의 상징, 화웨이가 세계를 이끈다

'군민융합'이란, 2012년 전국인민대표대회에서 시진핑이 주창한 군과 민간 기업의 협력을 촉진하는 국가 전략을 말하는 것으로, 중국의 통신기기 대기업인 화웨이가 그 상징적 존재라고 말할 수 있다.

화웨이의 제품은 스마트폰에서 전기자동차까지 통신을 필요로 하는 모든 전자제품에 내장되어 있다. 보급 속도로 봤을 때 곧 세계 표준 규격의 지위를 차지하는가 했었지만, 좌절됐다. 2018년에 본격화된 미·중 무역전쟁으로 미국이 정부계 시설, 기기에서 화웨이 제품을 배제하기로 결정한 것이다. 유럽 각국에도 동조를 구했다.

왜 세계적으로 화웨이 배제 움직임이 강해졌을까. 이 기업의 실태를 알면 대처가 너무 늦었다고 생각하게 될 것이다.

화웨이를 창업하고 지금도 최고경영책임자(CEO)를 맡고 있는 런정페이(任正非)는 인민해방군 연구기관 출신이다. 현역 시절에는 첩보 부문을 위한 통신 관련 연구를 맡았고, 해방군정보공정대학(中国人民解放军战略支援部队信息工程大学, Information Engineering University)이라는 군 직속 정보기술연구기관의 학장도 지냈다. 마오쩌둥을 존경해 '인민전쟁론' 등의 마오 사상을 경영에 반영했다고 한다.

군 동료 6명과 회사를 세워 소형 전화 교환기와 화재경보기 제조를 시작하여, 나중에는 무선통신기기를 취급하게 된다. 2018년, 캐나다에서 구금된 화웨이 부회장 겸 최고재무책임자(CFO)인 멍완저우(孟晚舟)가 그의 딸이다. 이때 혐의는 이란 제재 문제와 얽힌 은행 사기인데, 이것도 '화웨이 배제'의 상징적 사건이었다.

화웨이 전 회장인 쑨야팡(孙亚芳)은 중국 국가안전부(国家安全部), 즉 미국의 CIA에 해당하는 기관 출신으로 중국 공산당과는 물론 출신 모체(母體)라고 할 수 있는 **인민해방군과 떼려야 뗄 수 없는 관계**에 있다. 국유 기업은 아니지만 정부로부터 지원을 받아 거대 기업으로 성장했다.

호주의 첩보 기관은 화웨이가 중국군의 사이버 첩보 기관·인민해방군 총참모부 제3부와 관계가 있는 '믿을만한 증거가 있다고 경고해 왔다. 화웨이기술 창업자 런정페이 CEO는 "10년 이내에 6G 실용화"를 말하고 있다. 시진핑 주석의 오른쪽 인물이 런정페이. ⓒ EPA/연합뉴스

화웨이는 최신 통신 규격인 '5G' 기술 분야에서 선두를 달리며 세계 표준의 와이어리스 인프라를 구축하려고 하는데, 이러한 최신 통신기술이 인민해방군의 군비와 사이버 첩보에 이바지한다는 사실은

의심할 나위가 없다. 화웨이에는 중국 공산당의 첩보원도 근무하고 있다. 그야말로 '당·민 융합', '군·민 융합'의 상징적 존재다.

2012년 10월, 미국 연방의회는 화웨이가 중국 정부 및 정부 첩보기관과 가까운 관계에 있다는 내용의 보고서를 발표했다. 화웨이가 중국 정부로부터 **특별한 원조**를 받고 있으며, "보안상 위협이 된다"고 지적했다.

조직 전체가 정보 갈취의 전과도 있어 오랫동안 경쟁사로부터 비판받아왔다. 2002~2003년에 화웨이 스웨덴 지사에서 계약직 엔지니어로 근무한 로버트 리드(Robert Read)는 "화웨이는 기술을 훔치는 데 온 힘을 기울이고 있었다"고 말했다. 직원이 다른 기업의 지식재산 정보를 훔치면, 그 정보의 가치에 따라 보너스를 주는 시스템까지 있다고 한다.

2003년 1월, 미국 시스코시스템즈(Cisco Systems)는 자사의 소프트웨어와 매뉴얼을 복제했다며 화웨이를 제소했다. 시스코는 재판에서 "화웨이는 시스코의 사용자 매뉴얼 전부를 토씨 하나 틀리지 않고 베꼈다"고 지적했다. 복제가 너무 광범위하게 일어나, 화웨이는 실수로 시스코가 만든 소프트웨어의 버그까지도 복제하고 말았다.

화웨이의 인사담당 매니저였던 차드 레이놀즈(Chad Reynolds)는 재판 문건에서 "라우터(router)에 포함되어 있던 상당한 숫자의 흔한 버그를 수정하기까지 화웨이는 라우터를 출하할 수 없었다"고 밝혔다. 정보를 갈취한 것이 들킬까 두려워했기 때문이다.

이 사건을 잘 아는 인물에 따르면, 시스코의 마크 챈들러(Mark

Chandler) 법무 고문은 런정페이에게 항의하기 위해 절도행위의 증거를 갖고 중국 선전(深圳)으로 갔다. 그중에는 시스코의 매뉴얼에 있는 오타가 화웨이의 매뉴얼에 그대로 남아있는 증거가 있었다. 런정페이는 무표정으로 이야기를 듣고는 **단 한 마디로 "그냥 우연이다"라고 대답**했다고 한다.

화웨이는 결국 시스코의 라우터 소프트웨어의 일부를 복제했음을 인정하면서 2004년 7월에 합의했다.

화웨이는 비판을 피하고자 주도면밀하게 대책을 세웠다. 첫 번째가 고문과 이사로 현지 사회의 지식인, 유력자를 들이는 방법이다. 그들이 '나를 요직에 앉혀줬으니 화웨이는 해를 가할 의도가 절대 없다'고 생각케 하여, 경계심을 푸는 데 일조하게 만드는 것이다. 두 번째는 현지의 유명 스포츠팀과 행사에 거액의 후원금을 내는 방법이다. 화웨이는 일본에서도 프로야구팀 소프트뱅크 호크스와 2016년부터 계약하여 이미지 향상에 이용하고 있다.

나아가 화웨이는 영국 옥스퍼드대학이나 미국 매사추세츠공과대학 등, 서방의 유명 대학에 기부해서 공동 연구나 세미나 공동 개최 등의 인재 교류를 통해 지식재산을 훔치는 채널을 만들고 있다. 호주 안보정보원(Australian Security Intelligence Organisation, ASIO)은 이미 화웨이에 대해서 "스파이 리스크가 있다"고 지적했지만, 화웨이는 2016년에 호주의 뉴사우스웨일스대학과 합동 프로젝트를 수행하며 **정부 기금으로 보조금**을 받았다.

2018년, 캐나다에서 멍완저우 화웨이 부회장/최고재무책임자가 체포되자, 중국은 캐나다 국민 두 사람을 체포하고 캐나다산 대두, 카놀라, 돼지고기 등의 수입을 금지했다. 사진은 2021년 9월 25일, 멍완저우 부회장이 중국에 구금됐던 캐나다 국민과 맞교환 석방이 된 이후 전세기편으로 중국으로 돌아와 기자회견을 하는 모습. ⓒ Xinhua/연합뉴스

또 중국에서 이루어지는 과학기술 프로젝트의 여행비 부담도 '화웨이 옹호자'를 길러내고 있다. 각국의 기술자와 연구자는 화웨이에 초대되어 여행비를 받아 중국으로 건너온다. 호주의 전 통상투자부 장관인 앤드루 롭은 국가 광대역 네트워크에서 화웨이 제품을 배제한다는 정부의 결정을 "완전히 기능 부전에 빠진 정부가 최신 기술을 모르고 저지르는 도발적이고 초보적인 에피소드"라고 맹비난했지만, 앤드루 롭은 화웨이가 비용 **전액을 부담하는** '본사 견학 투어'에 참가했었음이 드러났다.

2011년에는 호주의 국회의사당 네트워크가 중국에 해킹되어 연방 의원의 전자메일 내용이 1년 가까이 새어나가고 있었다고 한다. 호주 국회의원 중에는 화웨이로부터 선물 받은 스마트워치를 항상 차고 다니며 통신 가능한 상태로 의사당 안을 돌아다니는 경계심 없는 사람도 있었다.
  중국 기업에 대한 경계를 잊어서는 안 된다.

⑰ 국제 금융은 중국 공산당 최고의 먹잇감

　자금력과 선전력을 이용하여 비판을 잠재우고 국경을 초월해 무궁무진하게 성장한다. 서양의 세계적인 글로벌 기업이 취하는 방식은 사실 중국 공산당이 세계적으로 영향력을 강화하는 방법과 많이 닮았다.

　국경의 틀에 얽매이지 않고 보통 국가 예산보다 훨씬 큰 재력을 지닌 거대 금융기업은 도덕과 사상을 고려하지 않고 중국 공산당과 '윈윈' 관계를 쌓는, 이해관계까지 일치하는 존재다. 그 때문에 중국의 '벗', 나아가 '동지'까지 될 수 있다.

　이러한 사태에 위기감을 느낀 트럼프 정권, 그중에서도 국가무역위원회의 수장으로 취임한 피터 나바로(Peter Navarro)는 월가의 은행가와 헤지펀드 매니저 그룹이 중국 측과의 '셔틀 외교'에 자진해 임하여 백악관이 베이징의 요구에 따르도록 큰 압력을 행사해 미국의 무역 교섭을 방해하고 있다고 비판했다. 자국의 금융 엘리트가 중국의 대변자로 활동하는 데 대해서 경고를 한 것이다. 실제로 트럼프 일가와 매우 가까운 친구로 대통령 자문회의를 이끈 스티븐 슈워츠먼(Stephen Schwarzman)은 CEO를 지낸 투자회사 블랙스톤(Blackstone Inc.)을 통해 **중국에 가장 강력한 연줄**을 가지고 거액의 이익을 얻고 있다.

　골드만삭스도 중국과 깊은 관계가 있다. 개혁 개방 후, '13억 명의 거대 시장'에 눈이 먼 금융인들 사이에서 골드만삭스는 2003년,

'중국의 주요 국유 기업의 최대 증권 인수업자'가 되었다. 그 영향인지 골드만삭스의 관계자는 중국에 이로운 언행을 거듭했다. 골드만삭스 최고경영자에서 아들 부시(George W. Bush) 정권의 재무부 장관에 취임한 헨리 폴슨(Henry H. Paulson)은 당시 베이징시 시장이었던 왕치산(王岐山)의 절친한 친구로, 세계무역기구(WTO) 규정 위반을 반복하는 중국을 계속 옹호해왔다. 그 '노력'이 인정받은 것인지 후진타오 국가주석과 단독으로 비공식 접견할 기회도 얻었다.

왼쪽 사진은 골드만삭스 CEO 출신으로 미국 재무부 장관을 역임한 헨리 폴슨이며(미국 재무부 공식 프로필 사진), 오른쪽 사진은 블랙스톤 CEO 출신으로 트럼프 대통령의 전략정책포럼의장을 지낸 스티븐 슈워츠먼이다. ⓒ World Economic Forum / Remy Steinegger

골드만삭스의 중국 진출을 주도한 존 손턴(John L. Thornton)은 회장 퇴임 후, 칭화대학의 임원으로 취임하여 미국과 중국의 최고 수준 기업의 임원을 역임하고 있다.

골드만삭스 전 대표이자 현재 광산회사 배릭골드 이사회 의장인 존 손턴은 2021년 9월, 6주 일정으로 중국을 찾아 미국 정부의 비공식 채널로 활동해 중국 최고위급 인사들을 만났다. 언론이 존 손턴의 이번 비밀 방중을 1971년 키신저의 비밀 방중과 견줄 정도로 존 손턴은 월가의 최고 실력자이자 미국의 대표적인 친중파 중 한 사람으로 평가받고 있다. ⓒ AP/연합뉴스

중국 공산당 간부의 자녀를 '태자당'이라고 부르는데, 골드만삭스는 이들을 직원으로 채용해 중국 공산당으로부터 편의를 얻고 있다. 이 '자녀 프로그램'은 JP모건과 메릴린치, 모건스탠리 등 다른 금융회사에서도 도입했다.

미국의 금융 엘리트는 "중국이 부유해지면 공산주의를 버리고 민주화할 것"이라고 낙관적으로 바라보았다. 그 결과 중국은 중공 체제 그대로 성장하여 10년 이내에 미국 경제를 **뒤쫓고 추월할 전망**이다.

중국이 노리는 바는 상하이가 뉴욕의 월스트리트나 런던의 시티오브런던을 능가하여 세계 최고의 금융도시가 되는 것이다. 당연히 디지털 인민위안을 이용하여 '미국 달러 기축 체제'에도 도전한다. 차이나머니에 눈이 먼 유럽과 미국의 금융회사는 언젠가 은혜를 배신으로 되갚음 당하게 될 것이다.

⑱ 중국 기업은 모두 공산당 조직이다

중국에는 엄밀한 의미에서 '민간 기업'은 존재하지 않는다. 모든 기업 내에 중국 공산당에 의한 관리와 지도를 실시하는 당 조직이 있기 때문이다. 국영, 국유 기업은 물론이고 민영 기업이라고 할지라도 기업 내의 당 위원회가 기업 간부를 임명 또는 해고하고 이사회 의장은 당 위원회의 서기가 맡는다.

시진핑은 국영 기업을 "당의 결정을 실행에 옮기는 중요한 힘"으로 규정했는데, 비국영기업의 입장도 실질적으로 다를 바 없어서 당 위원회의 감시 아래 중국 공산당에 불리한 행위를 하지 않도록 주의하며 경제 활동을 하고 있다.

지금은 중국이라는 나라 자체가 **당과 군, 기업**의 복합기업체가 되었다. '군·민 융합' 이전부터 세 개의 주체는 한 몸이 되어 중국 공산당의 세계 목표 실현에 협력해 왔다.

중국 공산당은 스스로 정치적, 전략적 의향에 따라서 모든 기업을 제어할 수 있다. 공산당의 뜻에 따르지 않는 상업, 경제 활동은 불가능에 가깝다. 세계적 기업이 된 알리바바의 마윈조차 당을 거스를 수 없다. 2020년에 "당의 디지털 통화 시스템이 뒤처져 있다"고 말한 일로 당국의 분노를 사서 그룹의 금융회사인 앤트 그룹의 홍콩·상하이 주식시장 상장이 <u>**직전에 중단**</u>되었다. 마윈 자신도 당원으로 "천안문 사건 때 당국의 대응은 적절했다"라는 말까지 하며 당에 충성을 맹세했는데도 말이다.

기업에 대한 당의 개입은 자유로운 경제 활동과 성장을 저해하지만, 기업 측에도 장점은 있다. 당 위원회의 정치적 연줄로 부정부패로 점철된 관료제도를 우회할 수 있기 때문이다.

2020년 11월, 마윈의 알리바바 산하에 있는 앤트 그룹의 신규주식공개(IPO)가 갑자기 중지되고, 중국 당국은 12월에 독점금지법 위반으로 알리바바 그룹의 조사에 착수했다고 발표했다. ⓒ World Economic Forum / Ciaran McCrickard

그럼에도 불구하고 "민간 기업 내의 공산당 조직은 단순한 형식적 역할밖에 없다"고 보는 서구 진영의 경제인, 경제평론가가 많은데, 현실은 반대다. 당의 지시에 따르지 않는 대기업의 최고경영자는 자산을 몰수당하고 사건에 연루된다.

2017년에 제정된 중국 '국가정보법'은 모든 중국 시민과 조직이 '국가정보공작'에 협력하여 중국 정부의 모든 지시에 따를 것을 의무화했다. 해외에서 사업을 펼치는 화웨이와 같은 중국 기업은 중국 첩보기관을 지원해야 한다고 중국의 **법률에 정식으로 규정**한 것이다.

중국의 개혁 개방 정책은 정부의 민간 부문에 대한 철수를 의미하는 것이 아니었다. 시장의 힘은 분명 커졌지만 일당 독재국가의 힘을 약하게 만든 것은 아니다. 실제로는 중국 공산당과 정부의 권한은 시장의 힘 덕분에 이전보다 강력해지고 있다.

2016년 11월, 세계의 공업선진국은 중국에 대해 세계무역기구(WTO)에서 '시장 경제' 국가의 자격을 부여할 것을 거부했다. 자유 시장의 행동 기준에서 벗어난 중국의 움직임, 예를 들면 통화 조작, 덤핑, 정치적인 이유로 인한 수입품 징벌, 외국 기업에 대한 방해 등을 지적한 것인데, 이 결정을 무겁게 받아들여야 한다. **중국 기업과 중국 공산당은 분리할 수 없고**, 기업은 당의 의향에서 벗어나는 행동을 할 수 없기 때문이다.

⑲ '일곱 가지 수단'으로
상대 국가를 마음대로 조종하는 중국 공산당

중국 공산당은 외국 정부와의 교류에도 온갖 수단을 동원해 압력을 행사하고 자국에 유리한 상황을 만들어내려고 한다. 물론 어느 나라 정부도 자국에 대해서 되도록 좋은 조건으로 교섭하려고 하지만, 중국 공산당의 방식은 비열하기 그지없다. 미국외교협회(Council on Foreign Relations)의 전문가에 따르면 그 수단은 △ 무역, △ 투자, △ 경제 통제, △ 사이버 공간, △ 원조, △ 금융, △ 에너지의 일곱 가지 정책 영역에 이른다.

중국 경제의 규모가 커지면서 전 세계의 나라와 지역이 중국 경제와 밀접하게 연관될수록 효과가 있다. 중국은 관계가 깊어질 때는 '윈윈'과 쌍방에 이익이 되는 듯이 선전하지만, 실제로는 '경제적 이익을 줄테니까 중국을 비판하지 마라, 내정에 간섭했다간 어떻게 되는지 알고 있겠지'하는 식으로 압력을 가한다. 다시 말해 중국 공산당의 국가 전략에 공헌하면 경제적 이익을 주고, 반하면 처벌을 내리므로 '**중국의 돈이 상대의 입을 틀어막는**' 상황이다.

중국의 반체제 작가인 류샤오보(劉曉波)가 2010년에 노벨평화상을 받자 베이징은 중국 시장에서 노르웨이산 연어의 비중을 크게 줄여 보복했다. 외교 관계가 얼어붙어서 오슬로 정부는 4년 후에 달라이 라마가 노르웨이를 방문했을 때 총리가 접견을 거부했고 그 후에는 류샤오보의 수상 문제와 관련해 사실상 **중국에 사과**까지 했다.

2012년, 중국의 항구에서 필리핀산 바나나가 들어있는 컨테이너 150개가 버려져 썩은 채로 방치되었다. 이것은 필리핀이 남중국해·스카버러 암초에 침입한 중국 어선을 비난하는 성명을 낸 것에 대한 '징벌'이었다.

2020년, 코로나19 바이러스의 발생원의 독립 조사를 요구한 호주에 대한 보복 조치로, 중국 정부는 호주산 석탄과 보리, 구리광, 정광, 설탕, 목재, 와인 등 최소 7종류의 상품 구입을 중단하도록 지시했다.

중국의 민주화, 인권 운동에 참여하여 국가 정권 전복선동이라는 죄목으로 복역 중에 2010년 노벨평화상을 수상한 작가 류샤오보와 아내인 류샤. 중국 당국은 아내까지 자택 연금하고 수상식 출석을 저지했다. 류샤오보가 간암을 앓자 중국 당국은 말기까지 치료 가석방을 인정하지 않았고, 결국 2017년 7월 13일에 류샤오보는 옥사했다. 사진은 2018년 7월 13일, 독일 베를린에서 열린 류샤오보 추모식. 류샤는 현재 독일에 망명해있는 상황이다. ⓒ EPA/연합뉴스

자국 업자로부터 "어떻게든 해 달라", "장사가 안 된다"며 원성이 높아지자 호주 정부는 대책을 강구할 수밖에 없었다. 민주주의 국가에

서는 국민의 생활에 차질이 생기면 정권 지지율에 영향을 미친다. 정론에서도 한발 물러나 **중국과의 무역**을 우선시하게 된다.

한편 이러한 수법으로 중국의 먹잇감이 된 아프리카에서는 불만이 폭발하고 있다. 이르게는 2007년에 잠비아의 야당 당수인 마이클 사타(Michael Chilufya Sata)가 본질을 찌르는 발언을 했다.

"우리는 빨리 중국이 아프리카에서 물러나고 오랜 식민지 시대의 지배를 회복하기를 바라고 있다. 적어도 서양의 자본주의에는 인간의 얼굴이 보이지만, 중국은 우리를 수탈 대상으로밖에 생각하지 않기 때문이다."

빼앗긴 것은 돈뿐만이 아니다. 중국 공산당에 맞서 자국과 국제사회를 지키려면 어떻게 하면 좋을지 눈앞의 경제적 이익에 굴복하지 않고 **장기적 시각으로 생각하는 힘**을 각국은 잃어가고 있다.

⑳ 달라이 라마를 만나면
경제 제재를 받아 대중국 수출이 감소한다

중국은 달라이 라마를 초대하려고 하는 외국의 모든 움직임에 지나치게 반발을 하고 나선다. 강연회나 정부 고관과의 회담을 어떻게든 막으려고 온갖 강경책을 동원한다.

한 연구에 따르면 외국 정부의 수뇌부가 달라이 라마와 만나면 그 나라의 대중국 수출이 8% 하락할 우려가 있다고 한다. 대체 어떤 관계길래 그럴 수가 있는지, 이것이 경이로운 현상으로 보이거나 도시 괴담처럼 들릴지도 모르겠지만, 이는 중국이 수출을 조정하여 상대 국가에 무역·경제적 타격을 줌으로써 '달라이 라마를 초대하면 이렇게 된다'고 전 세계에 본보기를 보이려는 것이다.

중국 공산당이 절대 허용하지 않는 '다섯 가지 독'이 있다. 첫째, 달라이 라마(티베트 독립), 둘째, 대만의 독립, 셋째, 위구르의 독립, 넷째, 파룬궁, 다섯째, 민주화 운동이다. 나아가서는 '중국이 절대로 허용하지 않는 세 가지 T'(티베트, 타이완(대만), 톈안먼(천안문))라는 것도 있는데, 어느 쪽이든 티베트 문제는 중국 공산당의 가장 중요한 관심사다.

호주에서는 2002년 존 하워드(John W. Howard) 총리를 필두로 2008년, 2009년 케빈 러드(Kevin M. Rudd) 총리, 2012년 줄리아 길라드(Julia E. Gillard) 총리가 달라이 라마와의 회담을 거부해서 중국 공식 언론매체로부터 '칭찬'을 받았다. 일본의 수뇌부도 달라이 라마를 만나지 않고 있다. 또한 남아프리카, 덴마크, 노르웨이, 스코틀랜드 외에 프란치스코 교황까지도 달라이 라마와의 회담을 거절했다. 중국의 압력은 성공을 거두고 있다.

왜 중국은 달라이 라마를 두려워할까. 분리 독립파의 상징적인 존재일 뿐만 아니라, **중국 공산당과 다른 가치관**을 가지고 있는 리더를 신봉하는 사람들의 존재 자체를 허용할 수 없으므로 달라이 라마의 리더십을 국제적으로 인정하는 일이 되는 각국 수뇌부와의 회담이 허용되지 않는 것이다.

중국 공산당에 있어서 달라이 라마는 티베트 불교라는 유연한 '소프트파워'를 행사해 반중 사상을 국제사회에 알리고, 티베트의 독립을 꾸미는 악마와 같은 존재다.

2008년 5월, 런던의 국회의사당에서 티베트의 망명 지도자 달라이 라마와 회담하는 영국 보수당의 데이비드 캐머런 대표. 데이비드 캐머런은 영국 총리가 된 2012년 5월에도 달라이 라마와 회담하여 중국은 이에 크게 반발했다. 하지만 중국의 투자 등에서 문제가 발생하자 데이비드 캐머런도 앞으로 달라이 라마와 만나지 않겠다고 중국 측에 약속하며 자신의 방중 일정을 결국 실현했다. ⓒ Press Association

이러한 중국의 압력을 뿌리치고 달라이 라마와 만난 용기 있는 리더도 있다. 아프리카 보츠와나의 이안 카마(Seretse Khama Ian Khama) 대통령은 달라이 라마와의 회담에 합의했는데, 회담을 하지 말라며 압력을 가한 베이징에 "우리는 당신들의 식민지가 아니다"라고 말했다. 일국의 대통령이 누구와 만나든, 다른 나라가 간섭할 권리는 없다고 밝힌 것이다.

그러나 영국 총리 데이비드 캐머런(David W.D. Cameron)은 2012년에 달라이 라마와 회담 후, 중국의 거센 반발에 직면하자 반성을 하면서 다음번 회담을 거절하고서 베이징에 추파를 보내게 되었다.

더 한심한 것은 베이징의 생각을 헤아려 침묵하며 덮고 넘어가려는 나라들이다. 일본 정부도 달라이 라마와 공식적으로는 만나지 않을 뿐만 아니라 대만의 리덩후이 전 총통의 일본 방문도 몇 번이나 방해한 과거가 있다. 달라이 라마는 "어딜 가나 중국과의 돈 이야기다. 도덕관념은 어디로 갔는가"하고 한탄했지만, **중국의 징벌은 점점 더 효과**를 낼 뿐이다.

㉑ '서양병'의 감염을 막는 중국에서 '일곱 가지 큰 죄'는 이것!

중국 공산당 당원은 물론 중국 국민, 그리고 중국과 양호한 관계를 맺고자 하는 해외 주재 화교에게는 엄격히 금해야 하는 '일곱 가지 서양적 가치관'이 있다.

첫째, 서양 입헌 민주주의, 둘째, 보편적 가치(인권, 자유), 셋째, 시민사회, 넷째, 신자유주의, 다섯째, 언론의 자유, 여섯째, 역사적 냉소, 일곱째, 사회주의에 대한 의심이다.

이 모두가 인류가 역사적으로 쟁취한 '인간이 인간답게 더욱 잘 살기 위한' 가치와 지혜이지만, 중국 공산당에 있어 이는 자신들의 권력 기반, 존속을 위협하는 **'일곱 가지 큰 죄'**에 지나지 않는다.

시진핑이 이끄는 중국 공산당은 모든 인민에게 이것을 금지하여 "서양병"에 걸리지 않도록 하고 있다. 민주주의, 자유주의, 인권 등이 실은 서양에만 한정되지 않는 보편적 가치임에도 이를 적대 이데올로기로 간주하여 국내, 혹은 해외 유학생에게 침투하는 것을 경계하는 것이다.

중국 공산당을 옹호하는 사람들은 "지금 시대에 냉전 사고로 중국을 바라봐서는 안 된다"고 말하지만, 실은 지금도 **냉전 사고방식으로 무장**하여 이데올로기 투쟁을 하고 있는 나라가 바로 중국이다.

중국은 '공격이 최고의 방어'라는 생각으로 공산당의 이데올로기를 확산시킨다. 겉으로는 "국제 질서를 민주적이고 다양하며 개방적인 것으로 만들어 나가는 역할을 맡고자 한다"고 말하지만, 실제로는 "해외에서 반공산당적 이데올로기가 유입되는 것을 용납하지 않는" 자세를 취한다. 그 때문에 "미국우선주의를 내세우며 국제 질서에 책임을 지지 않는 미국"에 대항하며, 중국이 "인류 운명 공동체를 구축하여 미국의 민주주의보다 뛰어난 사상과 방법으로 세계적 책임을 다한다"라고 말한다.

그러나 전 세계에 정보가 오가고, 수많은 중국인들이 대륙에서 세계 각지로 퍼져있는 상황에서는 민주주의와 인권의 가치관을 접하고 공산주의와 사회주의의 가치관을 비판적으로 바라보는 경향이 증가하는 것은 피할 수 없는 상황이다.

2021년 7월 1일 중국 베이징에서 열린 중국 공산당 창건 100주년 기념 퍼레이드에 앞서 천안문 광장에서 학생들이 리허설을 하고 있다. ⓒ EPA/연합뉴스

이에 중국에서 "서양병"에 대한 '예방접종'으로 주입하는 것이 '**애국 교육**'과 '**민족 교육**'이다. 어릴 때부터 근현대에 서양으로부터 받은 '처사'를 굴욕의 기억으로 인민에게 각인시킨다.

"중국인(≒한족)이야말로 세계에서 가장 뛰어난 민족인데도 서양

제국주의와 일본 군국주의에 침략당했다. 그 굴욕을 씻어내야 한다", "중국의 역사와 (중국 공산당이 가르치도록 일부 허락한) 서양의 역사를 배움으로써 자발적으로 **중국의 우위성을 깨닫는다**"라는 것이 애국 교육과 민족 교육의 핵심이다.

중국은 소비에트연방의 붕괴에서 배웠다. 소련은 개혁(페레스트로이카)과 정보 공개(글라스노스트)로 통제가 느슨해져, 공산주의 이데올로기에서 손을 놓음으로써 서양적 가치의 침입을 허용해 붕괴됐다고 중국 공산당은 해석한다.

그 때문에 인터넷의 만리방화벽은 물론, 사상 면에서도 '만리장성'을 쌓고 국내에 서양의 가치를 들이지 않는 한편, 중국 공산당 자신의 사상을 여러 수단으로 국제사회에 확산시키려고 분주하게 움직인다.

제 5 장

베이징의
사상 투쟁과 언론

㉒ '중국에 저항할 수 없게 되는' 순환

중국에 맞서 강하게 말할 수 없다. 어느샌가 '중국의 시선'으로 뉴스를 보고, '중국의 의중'을 헤아려 발언하게 된다. 인권과 국제법보다 '중국의 상황'을 우선시한다. 중국 공산당의 세계관에 흠뻑 빠져들어 중국의 세계 전략은 '선'이라고 세계에 널리 알리는 전도사가 된다. **중국 공산당**을 향한 비판을 **중국인**에 대한 비판과 중첩시키고, "외국인 공포증", "인종차별"이라며 전면부정한다. '중국 시장이나 중국과의 거래를 잃으면 경제적으로 살아갈 수 없다'고 굳게 믿는다.

2004년 이후에 본격화된 중국 공산당의 다양한 움직임으로 호주 사람들은 이러한 심리 상태에 빠지고 말았다. 무서운 일인데, 왜 그렇게 되었는지 전체적인 이미지를 간단하게 설명해보겠다. 중국의 '보이지 않는 붉은 손'에 걸려들지 않기 위한 요점을 여기에 소개한다.

우선은 정치가와 저명한 학자 등, 국내 여론에 영향력을 지닌 사람들에게는 중국 공산당과 연관 있는 학자나 기업인이 다가가 '벗'이 된다. 개인적으로 친해지기도 하고, 통일전선 공작 기관의 '일선 단체'임을 숨기고 '우호', '평화', '교류'를 목적으로 한 조직의 일원으로 접근하기도 한다. 겉보기에 그럴싸하다면 더욱 주의해야 한다.

이러한 단체가 해외의 엘리트들을 '특별 고문'이나 '회장', '총장' 등 명예직에 앉혀 발언권을 주고, 그들의 **명예욕**을 충족시켜준다. 물론 일선 조직은 중국 공산당으로부터 자금과 지시를 받으며 정보는 모두 당에 보고된다.

단지 이 정도의 보상만으로도 중국의 타깃이 된 인물은 주어진 명예에 보답하고자 "중국은 여러분이 생각하는 것처럼 위험한 나라가 아니다"라고 하면서 자국에 이를 알리고 다니게 된다. 실제로 이들이 접촉한 중국인들은 선량하고 도덕심으로 가득 차, 중국과 해외 각국의 **가교가 되고 싶다**며 행동한다.

민주화 봉쇄 일제 적발에서 체포됐다가 풀려나 기자의 질문에 답하는 우산 혁명의 전 리더 아그네스 차우(왼쪽)와 조슈아 웡(오른쪽). 촬영일자는 2019년 8월 30일로, 이 둘은 훗날 다시 체포되어 수감되었다. 홍콩은 언론, 보도의 자유가 억압되고 저항할 수 없는 악순환 속에 있다. ⓒAP/연합뉴스

당연히 타깃이 된 인물들도 똑같이 고매한 정신으로 움직인다(그렇게 보이고 싶다는 마음을 중국 측에 내비친다). 그 때문에 중국을 의심하는 사람들을 대상으로, 때로는 충격적일 정도의 공격성, 위압감을 느끼도록 하면서 단죄에 나선다. 사회적 권위가 있는 사람들이 중국의 문제를 부정하고, 게다가 "그것은 차별이고 혐오다"라고 하면서 면박

을 주면 일반인은 입을 다물 수 밖에 없다.

특히 정치가와 학자 등의 엘리트는 '나는 일반인보다 중국인을 잘 알고 있고, **중국인을 잘 이해하고 있다**'는 자부심이 있다. 그 '약한 인간 심리'가 철저히 이용당하는 셈이다.

물론 그 사이에 금전과 금품도 제공된다. 헌금과 기부, 고문료를 매개로 하여 자선단체와 평화 우호 사업에 협력한 사례가 있다. 이러한 엘리트의 감언에 편승하여 경제 관계가 깊어지면 이제 슬슬 중국 공산당에 대해 비판은 하기가 힘들어진다. '중국의 번영은 우리의 번영으로 이어진다'라는 관계가 성립하고, 나아가 '중국 없이는 헤쳐나갈 수 없다'는 상태가 되기 때문이다.

기업인은 더 간단하다. 애당초 사업에서 서로 이익을 추구하는 목표도 일치한다. 연줄이 없으면 중국 국내에서 사업은 할 수 없다. 중국에 연줄이 있는 인물로부터 "내가 주선해 주겠다"는 말을 듣고 손을 잡지 않을 사람은 없다. 그러나 거래에서 편의를 얻으면 어떠한 형태로든 빚을 갚아야 한다. 이렇게 서서히 관계가 깊어져 간다.

투자와 편의를 준 보답으로 중국 공산당에 협력자로서 움직이는 인물을 '제5열'이라고 부른다. 이러한 활동을 하는 사람은 기업인뿐만 아니라 정치가와 학자 중에서도 많이 볼 수 있다. 중국이 주는 돈과 은혜에는 반드시 이면이 있다.

대학도 차이나머니로 얽매여있다. 호주의 뉴사우스웨일스대학은 많은 학비를 내는 중국인 유학생으로부터 얻는 이익에 눈이 어두워져, 중국 공산당과 **프로파간다 동영상**을 제작하기에 이르렀다. "뉴사우스웨일스대학과 중화인민공화국은 모두 같은 해 1949년 성립되어, 함께 미래로 나아가는 친구다"라는, 놀라운 내용이었다.

돈 관계를 끊어내지 못해 학교 내에 중국 공산당에 대한 비판적 의견을 봉쇄하는데, "미래를 함께할 수 있는 파트너"가 되고 말았으니 어쩔 수 없다.

그러나 바로 그것이 중국 공산당이 노리는 바다. '영향력 공작(influence operation)'이란, 대변자를 길러내 중국 공산당을 향한 비판에 대해서 반론케 하고, 소중한 친구라고 생각하게 만들면서 중국의 입장을 옹호하게 만들며, 중국 공산당의 이념과 정책을 널리 알리는 것이다. 나아가 '미국은 이미 끝났다', '중국에 저항해도 소용없다', '다음 시대 리더는 중국이다'라고 생각하게 만드는 목적도 있다.

중국이 각국으로부터 학자와 유학생을 이용하여 훔쳐낸 첨단 기술과 정보도 이러한 '내러티브(narrative)'의 세계에서는 애시당초 훔칠 필요조차 없게 된다. 중국과의 공동 연구는 '선'이고, **중국의 국제 전략에 협력하는 것이 '선'**이라는 세계관을 믿는 사람들로부터는 정보가 자동으로 공유되기 때문이다.

한 나라의 국내에 이러한 분위기가 조성되고 나면 그 국민은 상당한 충격을 받는데, 그렇대도 중국 공산당의 본성이 드러나는 중대한 사건이라도 일어나지 않으면 정상으로 되돌리기가 어렵다. 호주는 『중국의 조용한 침공』과 자유로운 언론 보도로 인해 눈을 떴지만, 저자인 클라이브 해밀턴에 대해서 인종차별주의자라고 비난·부정하는 움직임도 적지 않고, 변함없이 중국과의 밀월 관계를 지속하는 인물과 조직도 여전히 많다.

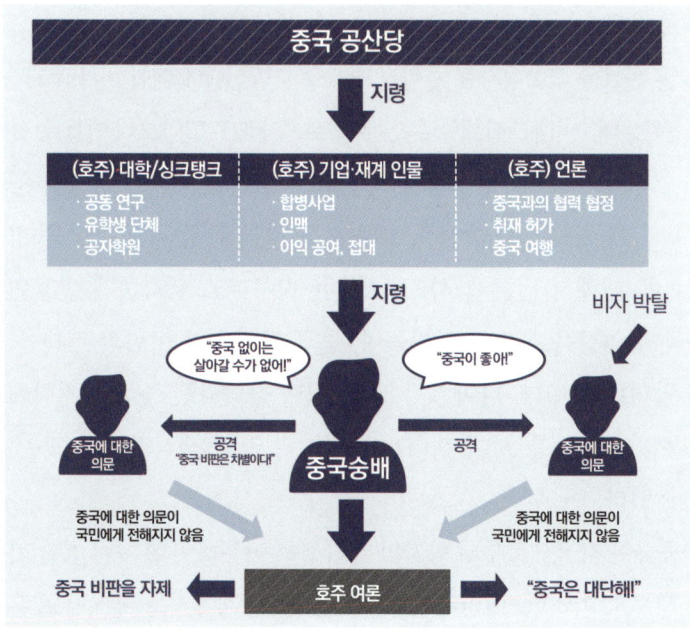

그러나 잊어서 안 될 것은 중국은 기본적으로 공산당에 의한 독재와 권위주의의 체제로, 민주주의를 부정하고 당을 위해 인권을 억압하는 정부라는 사실이다.

이러한 '사실'을 언급하며 비판하는 것은 인종차별도 외국인 공포증도 아니다. 중국의 근본적 문제를 지적하는 일을 막는, '언뜻 자유주의처럼 보이는 행동'이 중국 공산당을 돕고 있다는 실태를 알아야 한다. 중국 공산당은 민주주의의 균열을 겨냥하고 **"그쪽이야말로 어떠한가"** 라고 하면서 분열을 부채질하기 때문이다.

㉓ 국제 여론을 자기 뜻대로 좌지우지한다

중국 공산당은 중국의 체제 전복을 노리는 서방 세력의 움직임을 수십 년이나 경계해 왔다. 민주적인 정치사상의 유입으로 내정이 불안정해지는 공포를 느낀 계기는 1989년, 천안문에서 일어난 학생들의 항의 활동을 진압하기 위해 군대를 투입해야만 했던 사건(6·4 천안문 사건), 그리고 다섯 달 후에 베를린장벽이 붕괴된 사건이다.

2000년, 중앙선전부의 직원이 서양 국가는 과거 10년에 걸쳐 "포연 없는 제3차 세계대전"을 해왔다고 주장했다. 이렇듯 공포를 바탕으로 하는 '냉전적 사고방식'은 중국 공산당의 지도부가 '중국에 혼란을 불러일으키려는 **적대적 서양 세력과의 생사를 건 싸움**'을 하고 있다고 굳게 믿도록 하는 요인이 되었다.

2003년 그루지야(조지아)의 '장미 혁명', 2004년 우크라이나의 '오렌지 혁명', 2005년 키르기스의 '튤립 혁명', '아랍의 봄'의 발단이 된 2010~2011년 튀니지의 '재스민 혁명' 등, 각지에서 '색깔 혁명'이 연이어 일어나자 베이징은 더욱 공포를 느꼈다. 2014년 대만의 '해바라기 운동'과 같은 해 홍콩에서 일어난 '우산 혁명', 그리고 2019년에 시작된 홍콩 민주파의 항의 시위를 미국 등 서양 국가의 음모로밖에 이해하지 않는 것이 그 반증이다.

당 지도부는 국제 여론이 중국에 대해 느끼는 이미지를 긍정적인 것으로 바꿔놓으려는 결의를 굳히고 있다. 당의 검열 규범을 다른 나라도 준수토록 하려는 것, 그리고 "중국 특색 통치 시스템의 우위성"을 선전하고 현행 국제 질서가 중국의 특색을 반영토록 하려는 것이다.

시진핑은 2013년 연설에서 중국에서 본 세계를 '중국 공산당의 거점', '사상 투쟁의 장인 중간 지역', '중공에 부정적 여론의 적대 세력권'의 세 구역으로 분류하고, 전 세계를 '중국 공산당의 거점'으로 끌어오기 위해 '사상 투쟁의 장인 중간 지역'에 손을 뻗고 '중공에 부정적 여론의 적대 세력권'과 싸울 것을 당에 지시했다(통일전선 공작).

베이징이 생각하는 '이데올로기 세력권'

"적대 세력"권
정치적 중간자가 포함된 사상 투쟁의 장
중국 공산당의 거점

이에 공산당은 외국인을 분류하고 '이미 당에 공간하는 사람'과 '정치적 중간자', 그리고 설득 불가능한 '강경파'의 세 가지로 나누어 접근하기 시작했다. 주된 타깃은 두 번째 **정치적 중간자**다. 마오쩌둥은 일찍이 "95%의 인민은 선량하다"며 이들이 중국 공산당의 아군이 될 수 있다고 정의했다.

중국 공산당은 자신들과 다른 의견을 지닌 외국의 정치적 중간자가 어떤 악의나 계획적 의도는 없다고 파악됐을 경우, (그들에게) '올바른 관점'과 '올바른 입장'을 끈질기게 설명하고 '오해'를 풀도록 설득한다. 서양 국가의 많은 사람들이 중국 공산당의 위협과 인권 침해를 경시하거나 부정하는 현실은 **이 설득이 성공**을 거둔 가장 큰 증거다.

'중공에 부정적 여론의 적대 세력권'은 국내외 한 줌 정도밖에 되지 않는 '적대 세력'이 의도적으로 허위 정보를 알리고 중국 공산당을 깎아내리고 있는 영역이다. 중국 공산당은 이들이 규모로는 한 줌 정도인 5%에 불과하다며 **'인민의 적'**으로 규정하여 부정한다.

중국 공산당은 아무런 권리도 없는 '인민의 적'을 용서 없이 처단한다. 반체제파와 인권 문제를 다루는 변호사, 파룬궁 신자에 대한 심각히 참혹한 취급을 정당화하는 논리다.

2008~2009년의 '리먼 쇼크'는 당의 수뇌부 눈에는 '중국이 세계적 발언권을 가지고 유럽과 미국이 만든 질서를 대신해 중국의 정치경제 모델을 제시할 기회'로 비쳤다. 따라서 세계의 '정치적 중간자'를 향해 이 위기가 금융규제 완화의 약점과 행정에 의한 감시 결여가 얼마나 드러났는가를 강조하고, 이에 비해 중국의 더욱 신중한 개혁은 이러한 멜트다운을 방지할 수 있다고 주장했다.

중국의 학계에서는 유럽과 미국의 통치 모델을 대신하는 **'중국 모델'의 세계 수출**이 공공연하게 받아들여지고 있다. 중국의 대국화는 에드워드 스노든의 폭로, 무모한 이라크 침공, 나아가 트럼프 대통령의 등장으로 미국이 '무책임한 세계의 악당'이 됨에 따라서 유럽과 아시아에서 반미주의자들에게 환영받고 있다.

브렉시트로 상징되는 유럽연합(EU) 내부의 불화, 그리고 2016년 도널드 트럼프의 대통령 선거 승리는 베이징으로서는 미국과 유럽 간의 동맹 관계를 약화시키고, 민주주의 국가의 결속을 더욱 약하게 하는 전략적 기회가 되었다. 인권과 이민, 소수자의 권리를 둘러싼 좌파의 공격은 **미국 사회의 분열**을 더욱 깊게 해, 두 번의 대통령 선거에서 트럼프가 민주당 후보와 일으킨 혼란은 "민주주의 제도는 필연적으로 혼돈과 비효율성을 가져온다"는 중국 공산당의 주장을 증명하게 되었다.

미국의 쇠퇴와 분열이 누가 보아도 분명해지자, 국제사회의 신뢰와 협력의 붕괴를 구해낼 것은 미국의 패권주의와 단독 행동주의에 대항하는 '다자주의의 수호자'인 중국이라는 인상을 남길 좋은 기회로 중국 공산당은 파악했다. 그래서 세계의 여러 문제를 해결하는 가장 좋은 아이디어는 '중국 모델'을 따르는 것이라고 다른 나라에 공공연하게 호소하고 있다는 것이다.

코로나19를 전체주의로 진압한 중국 공산당의 정치, 경제 시스템이 서양의 민주 정치, 자본주의 경제보다 뛰어나다는 주장은 서양 각국이 코로나19 위기를 제어하지 못하고 경제 정체와 빈곤 증대로 신음하는 중에 설득력을 얻고 있다.

세계보건기구(WHO) 총회 전에 악수하는 시진핑 주석과 테드로스 아드하놈 게브레예수스(Tedros Adhanom Ghebreyesus) 세계보건기구 사무총장. 코로나19 바이러스 감염이 확대되던 2020년 1월, 긴급사태선언을 보류하여 비판받은 테드로스 사무총장은 "중국의 대응 속도와 규모는 보기 드문 수준이다"라고 치켜세웠다. ⓒAP/연합뉴스

'**중국식 해결책**'이 코로나 이후의 세계를 지배할 가능성이 커졌다.

2016년 7월, 국제중재재판소가 남중국해 섬들에 대한 중국의 영유권 주장을 "국제법상 법적 근거가 없고 국제법을 위반하는 것이다"라고 판단을 내린 후, 중국 대외연락부는 이미 중국의 입장이 120개국 240개가 넘는 정당과 전 세계의 280개 저명한 싱크탱크와 NGO 등 국제 여론의 **다수 지지**를 얻고 있다고 주장하고 나섰다.

막대한 경제력을 가진 일당 독재국가의 공세에 대해서 자유로운 정치, 경제 질서를 당연시 여겨온 민주주의 국가의 약한 동맹은 분명 열세에 놓이고 있다. 중국 공산당은 자신들이 이제 세계의 여론을 바꿀 수 있는 충분한 힘이 있다고 믿고 있다.

㉔ 위협받는 것은 '인권' 그 자체

    중국 공산당의 해외 영향력이 강해지면서, 중국 공산당은 자신들에게 반대하는 사람들을 해외에서도 뒤쫓아가 박해하고 입을 다물게 하고 있다. 최대의 피해자는 영주권 등까지 이미 취득해 해외에 사는 '중국계' 사람들이다.

    그들 중에는 중국 공산당의 압정에서 도망치기 위해 대륙과 홍콩에서 이주한 사람들도 있다. 그러나 중국 공산당은 다른 나라에도 **감시망**을 치고, 중공에 비판적인 이들을 잠재우는 압력을 행사한다. 예를 들어 많은 중국계 호주인들은 시민권을 갖고 있으며 또 자유와 민주주의의 가치를 인정하는데, 그들이 중국의 정치 체제를 비판하는 언행을 표명한 순간 중국 공산당은 중국 본토에 있는 그들의 가족과 친척을 위협하거나 사업 거래를 정지시키거나 언론 보도로 실명을 들어 위협하여 징벌을 내린다.

    지금까지 중국계 이민자가 만들어온 화교 커뮤니티 조직도 과거 15년 사이에 베이징의 뜻을 살피는 다수파가 차례로 **차지하게 되었다**. 다양한 어려움을 헤치며 호주 사회에 녹아들고자 노력해온 양심적인 중국계 이민자들로서는 "밀이란 곧 재앙의 불씨"인 상황이다.

    호주 정부에는 '자국민'의 권리를 지킬 의무가 분명 있지만, 중국 공산당의 눈치를 보면서 중국계 이민자에 대한 압력에 항의조차 할 수 없다.

    일본에서도 일본 국적을 취득한 위구르 출신자들은 중국 본토에 있는 가족을 만나러 갈 수 없는 상황이다. 일단 중국에 입국하면 무사히 귀국할 수 있다는 보장이 없기 때문이다. 일본 정부도 이러한 '자국민 보호'가 필요한 사태에 대처하려고 하지 않고, 중국의 기분만 살피고 있다.

중국 공산당은 자신들을 향한 비판을 "외국인 차별"로 치환하고 중국과 관계된 서양의 지식인들도 "중국 경계론은 외국인 공포증"이라고 단정짓지만, 적어도 중국보다 훨씬 인권 의식이 높은 호주가 '인종' 문제로 중국으로부터 공격받는 것은 아이러니한 일이다.

국유 부동산 대기업 '화위안그룹' 회장으로 중국 공산당원이었던 런즈창은 전 상무성 고관을 아버지로 둔 엘리트이면서도 가식 없는 발언으로 '할 말은 하는 기업가'로 알려져 있었다. 그는 시진핑을 비판했다가 징역 18년형을 받았다. (2010년 11월 12일 촬영) ⓒ AP/연합뉴스

"차별"이라는 비판을 들었다고 해서 사고 정지 상태에 빠지기 전에 중국의 위구르와 티베트, 홍콩 정책이 과연 어떠한지부터 살펴보자. 이 문제를 잊으면 인권 의식이 역이용당해, 중국 공산당에 이익이 되는 결과가 나올 뿐이다.

중국에서는 **시진핑을 비판하는 것만으로 수감되고 정신병동으로 보내진다**. 2020년, 태자당 출신으로 기업 경영자였던 런즈창(任志强)은 시진핑의 코로나19 대책을 두고 "벌거벗은 채 황제가 되기를 고집하는 광대"라며 비판했다가 구속, 기소되어 징역 18년형과 벌금 420만 위안(한화 약 7억 5천만 원)의 실형 판결을 받았다.

2018년에 상하이에서 시진핑의 포스터에 잉크를 뿌리는 동영상을 업로드한 동야오총(董瑤琼)은 정신병원에 입원당해야 했다. 퇴원 후 다른 사람처럼 변한 동야오총은 2020년 11월에 "지금은 아무런 자유도 없다", "당국은 나의 자유 정신을 죽이려고 한다"는 내용을 트위터에 올렸지만 즉시 삭제되었다.

중국 공산당이 공격하고자 하는 것은 인권과 자유라는 보편적 가치 그 자체임을 알 수 있다.

㉕ 위험 분자에서 쓸만한 카드가 되어버린 화교
– 중국 공산당의 화교 정책

중국에 뿌리를 둔 해외 거주자를 '화교'라고 한다. 새로운 이주자와 2세, 3세 이상의 오랜 이민을 합치면 전 세계에 5천만 명 이상이나 된다. 중국 공산당은 화교를 자신들의 '카드'로 이용하려고 한다.

일찍이 화교는 "중국 이외의 사상에 물든 위험 분자"로 여겨졌기 때문에 중국 공산당은 화교를 멀리했다. 하지만 2000년대 들어서부터 그 방침을 전환했다. 서양 국가에 사는 중국계 사람들은 중국 공산당의 위협과 감시의 최대 표적이 되었다. 또 외국에서 중국 공산당의 선전 역할을 맡아 중국 비판에 대해서 적극적으로 반론하여 묵살하고, 현지 조직의 지도자가 되는 **쓸만한' 존재**로 보게 되었다.

중국 공산당은 화교의 현지 정계 진출도 지원한다. 화교의 마음이 중국 공산당을 향한 충성으로 가득 차 있다면 화교가 현지 사회에서 정치가가 되는 것은 오히려 중국 공산당에 도움이 된다고 보는 것이다. 물론 뿌리가 어디든 자신이 새로 살게 된 지역의 이익을 최대한 고려하고 그곳의 가치관을 중시한다면 아무런 문제가 없다. 그러나 누군가가 중국 공산당의 입김이 작용하는 사람들로부터 자금 원조를 받아 중국 공산당을 위해 일한다면 유권자는 경계하여 그런 사람을 낙선시킬 필요가 있다.

중국계 후보자를 입후보시키면 정당은 중국계 부호로부터 막대한 정치후원금을 기대할 수 있다. 정당 측은 자신들의 정책과 방침이 중국 공산당으로 기울 우려를 알면서도 이를 받아들인다.

중국에 있는 외국인은 가령 귀화했다고 하더라도 출신 국가의 뜻에 따르는 정치 활동을 할 수 없다. 민주적인 정치 제도가 중국을 위해 **일방적으로 이용**되는 한 예로, 여기서도 중국과 민주주의 국가 간에 존재하는 정치 체제의 비대칭성이 중국에 이득을 가져다주는 결과가 된다.

호주에는 100만 명에 이르는 화교가 살고 있다. 물론 이 중에는 호주의 가치를 중시하는 사람들도 있지만, 그렇지 않은 사람들도 많다.

이탈리아 밀라노에서 이탈리아 경찰관과 순찰 중인 중국 경찰관(가운데). 중국인 여행자들이 안심하고 여행할 수 있게 한다는 명분으로 밀라노와 로마에 중국에서 경찰관이 파견되어 약 2주간 교대로 근무했다. (2016년 5월 3일 촬영) ⓒ EPA/연합뉴스

운 좋게 영주권을 손에 넣은 중국계 이민자 중에는 천안문에서 일어난 민주화 운동 탄압 성공을 매년 6월 4일마다 축하하는 파티를 개최하는 사람들도 있다.

해외의 모든 중국계에 대해서 수호자를 자칭하는 중국 공산당은 미국, 영국, 캐나다, 프랑스 등 40개국에서 화교 보호를 명목으로 한 '화조중심(華助中心, 중국인 지역 공동체와의 경찰 협력 센터)'을 설치하여 반체제파와 비판자의 언행을 주시하고 있다. 중국 경찰은 "도망자는 바람에 날리는 연과 같은 존재로, 몸은 해외에 있어도 중국 국내와 이어져 있다. 우리는 가족과 친구를 통해 항상 그들을 **찾아내 돌아오도록 설득할 수 있다**"는 자신감을 가지고 있다.

이탈리아에서는 이 '화조중심'이 현지 경찰과 협력하여 공동 순찰을 돌고 있는데 실상은 중국인 관광객을 감시하는데 그 목적이 있다.

호주 멜버른에서는 2019년에 중국계 이민자가 많은 지역의 경찰관이 '중국 공산당 탄생 70주년'을 축하해 중국 국기를 게양하여 위구르인, 타이완인, 티베트인이 항의의 목소리를 높였다. 현지 경찰이 이러한 일을 중국과의 우호 관계를 나타내는 것으로 밖에 인식하지 않는다면, 두렵다고 하지 않을 수 없다.

㉖ 인터넷 공작과 화교가 뒷받침! 중국 공산당에 '외국'은 없다

중국 국내의 언론을 엄격히 통제하고 공산당 비판을 일절 허락하지 않는 중국 공산당은 외국에서도 언론을 제어하여 중국에 긍정적인 평가를 넓히려고 한다.

즉 중국 공산당에 있어서 '외국'은 없고, 국제사회도 제어 가능한 상태로 만들고 싶어 한다. 그래서 해외로 건너간 사업 관계자와 유학생, 학생이나 화교들을 현지 감시원으로 만들고 현지 언론을 매수해 중국 공산당의 선전 기관으로 만드는 움직임을 강화함으로써 **중국에 대한 평가를 바꾸려고 한다.**

중국 국내에서는 사용이 금지된 SNS를 국내에서는 중국 공산당의 선전 도구로 대대적으로 이용한다. 중국 국내에서 차단되지 않은 SNS는 현재까지는 링크드인(LinkedIn)뿐인데, 중국 국내에서 이용 허가를 받는 대신에 중국 공산당의 모든 지시를 수용하고 있다.

중국 바깥에서도 트위터와 페이스북을 살펴보면 중국 공산당 지배 아래에 있는 언론, 신화통신사나 「인민일보」, 중국 대사관과 영사관 등이 프로파간다를 연일 내보내고 있음을 알 수 있다. 또 **'우마오당(五毛党)'**이라고 불리는 많은 인터넷 감시원이 인터넷상에서 방대한 게시글을 감시하고 여론에 영향을 미치도록 댓글을 조작한다. 우마오당의 게시글 작성은 매년 4억 5천만 건에 이른다고 알려져 있는데, 2019년 8월에 공작용 계정으로 간주돼 삭제된 트위터 계정은 20만 개 이상에 이른다. 중국의 입맛에 맞지 않는 게시물을 올린 계정을 '위반'이라고 통보하고 정지시키는 행위도 연일 벌어진다.

이렇게 해서 중국 국외에 공산당의 사상과 보도는 매일 대량으로 흘러나가 대대적인 영향력을 미치고 있는데, 한편으로 유럽과 미국, 일본의 언론 보도는 **중국 국내에 일절 퍼지지 않는다**. '만리방화벽'이라 불리는 정보의 벽을 쌓아 인터넷으로 외국 정보를 차단하고 영향을 최소한으로 억제하고 있기 때문이다.

중국은 자유롭게 외국에 영향을 미칠 수 있지만 그 반대는 불가능

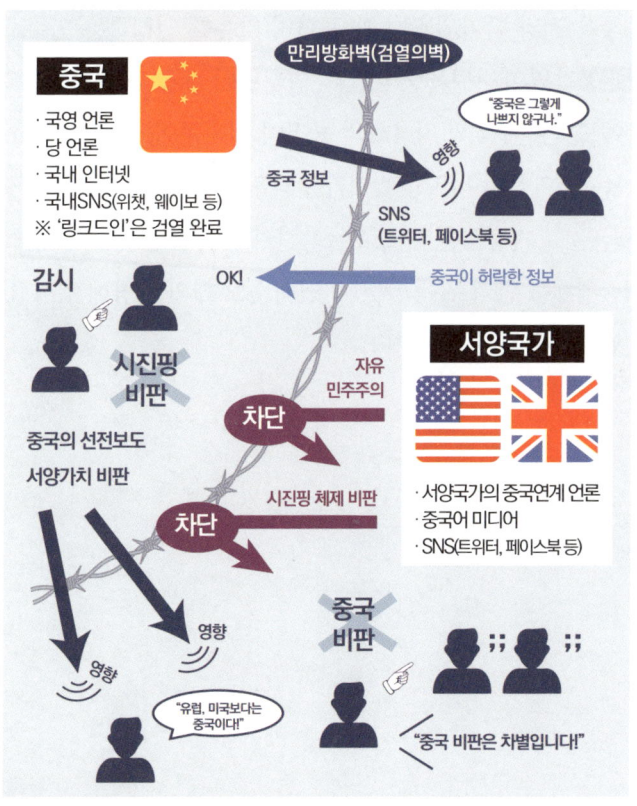

물론 중국에서도 인터넷은 쓸 수 있지만 접속할 수 있는 것은 국내의 정보, 즉 중국 공산당이 허가한 정보에 한정되어 있고 위챗 등 중국계 SNS는 항상 감시당하며 체제를 비판하면 즉시 삭제되고 단속 대상이 된다.

우한에서 코로나19 감염이 심각해진 실정을 인터넷으로 알린 시민기자 장잔(張展)은 체포, 기소되어 2020년 12월에 **징역 4년의 판결**이 내려졌다.

중국은 서양 국가의 언론과 표현의 자유를 인정하는 민주주의와 인터넷 공간의 개방성을 악용한다. 인터넷이 보급되면 중국과 북조선(북한)에도 민주주의와 자유화의 물결이 밀려들어, 자유를 원하는 국민이 독재체제를 무너뜨릴 것이라는 낙관적인 목소리가 있었다. 그러나 중국은 그 가능성을 힘으로 굴복시키고 국민을 고도의 기술로 감시하는 체제를 반석 위에 올렸다. 인터넷도 해외를 향해 영향력을 미치는 편리한 도구로 이용한다.

㉗ 공산당과 찰떡궁합인 고도 기술 감시 사회

빨간 신호를 무시하고 횡단보도를 건너면 경고음이 울리고, 건넌 사람은 CCTV에 찍혀 거리의 대형 화면에 얼굴이 크게 나와 죄가 드러난다. 화면에는 위반한 누적 횟수까지 표시된다. 디스토피아 영화의 무대가 아니라 이것이 중국의 현실이다.

중국은 전 국토에 2억 대나 되는 CCTV를 설치해 국민의 모든 부정행위를 지켜본다. 신호 무시, 차량 위법 정차 등 법률 위반을 단속하는 것 외에 수만 명 규모의 집회에 숨어든 지명수배범의 검거에도 도움이 된다고 한다. 이러한 감시 체제 하에서도 중국인은 숨막힘이 느껴지지 않고 개인 인권 침해에 대해서 불만을 품지 않는 것일까. '감시를 통해서도 법률이 지켜진다면 좋다', '싫으면 위반 행위를 저지르지 않으면 된다'는 생각인 듯하다.

감시 체제는 규범의식 향상을 위해서만 강화된 것이 아니다. 중국 공산당의 지배 체제 유지를 위해 **당에 반대하는 인물의 단속**에도 쓰인다.

2019년에는 위구르족을 감시하는 대규모 시스템인 '일체화 통합 작전 플랫폼(IJOP)'이 구축된 사실을 국제탐사보도언론인협회(ICIJ)가 중국 당국의 내부 문건을 입수해 밝혔다. CCTV 영상을 AI에 의한 얼굴 인증으로 분석한다. 멀웨어(malware)를 반강제적으로 설치한 휴대전화의 데이터 등 모든 개인정보를 알고리즘으로 분석하여 위험 분자라고 간주된 인물 2만 4천 명을 특정했다. 그중 무려 1만 5천 명을 수용소로 보냈다.

물론 한족(漢族)도 감시 대상이다. 일본에서는 '채팅 애플리케이션'으로 소개된 중국 텐센트사가 만든 위챗(WeChat)은 일본의 마이넘버(한국에서의 주민등록번호와 같은 것. - 옮긴이)에 해당하는 신분증 번호를 등록하여서 건강 관리에 이용함은 물론, 위챗페이라는 전자결제를 이용하기 위해 은행 계좌도 연결시켜서 국민의 생활 전반을 관리하는 애플리케이션으로 사용된다.

신장위구르자치구 위구르인 재교육 캠프로 추정되는 시설. 신장에서는 100만 명이나 되는 위구르인 이슬람교도가 수용소에 구속되어 있다고 여겨지는데, 중국은 과격주의와 멀어지게 할 목적의 '직업교육센터'라고 설명한다. (2018년 12월 3일 촬영) ⓒ AP/연합뉴스

게다가 중국 국내에서는 외국의 애플리케이션은 사용할 수 없으므로 달리 선택지가 없다. 관계자와의 연락도 모두 위챗으로 이루어지므로 여기에 등록하지 않으면 전화도 메일도 할 수 없다. 당연히 **모든**

의사소통은 중국 공산당의 감시 아래에 놓이고 대화, 쇼핑, 이동 등 대부분의 이력을 쥐게 된다.

BBC 중국 특파원 스티븐 맥도넬(Stephen McDonell) 기자는 위챗에 홍콩에서 일어난 천안문 사건 추도 행사 사진을 몇 건 업로드했다가 "이 계정은 악질적인 소문을 퍼뜨릴 우려가 있다"는 사유로 계정이 차단되었다. 해제하기 위해 자기 얼굴 사진과 애플리케이션이 지정하는 문구를 녹음한 음성 데이터를 등록해야 했다. 이것으로 **요주의 인물**로 등록된다.

중국 공산당의 감시망은 국외로도 뻗어간다. 호주안보정보원(ASIO)의 본부 근처에 중국인이 토지를 사들여 감시 등 정보 수집을 하고 있다는 지적이 나왔다. 일본에서도 비슷한 일이 일어나지 않는지 경계해야 한다.

㉘ 언론과 기자의 약점을 찌르는 자금 제공과 접대 여행

기자나 저널리스트와 같은 직업은, 현실을 다각적으로 파악해 분석하는 관점을 갖고서 한 발짝이라도 더 진실에 다가가기 위해 취재를 거듭하며 펜의 힘으로 실태를 밝혀내고자 하는 자세가 요구되는 직업이다. 그러나 중국 공산당의 손에 걸려들면 그들도 중국의 선전 공작의 첨병으로 전락하고 만다.

2016년 5월, 중국 공산당 간부는 잠행으로 호주를 방문하여 **호주 주요 언론과 여섯 가지 합의**를 맺었다. 중국 공산당이 제공하는 자금의 대가로 호주 신문에 신화통신사는 물론,「인민일보」,「차이나데일리」등 당 선전 모체(母體)인 보도의 인용을 인정하며, 또 이들이 발행하는 8쪽 분량의 기사를 게재토록 했다.

일본에서도「마이니치신문(每日新聞)」이 2016년 8월부터「차이나데일리」가 작성한 '차이나워치(China Watch)'의 8쪽 분량 기사들을 한 달에 한 번씩 신문에 끼워 넣고 있다(참고로「마이니치신문」1쪽의 광고 게재 요금은 정규 액수로 2천 6백만 엔(한화 2억 7천만 원 가량), 8쪽을 단순 계산하면 2억 800만 엔(한화 21억 6천만 원 가량)이다).「마이니치신문」은 "배포에는 협력하지만, 후에 기사 선택 권한은「마이니치신문」측이 가지기로 했다", "정치적 안건을 제외한 문화, 예술, 스포츠, 관광, 경제로 한정한 스타일이다"라고 주장한다.

런던의「데일리텔레그램(Daily Telegram)」은 **연간 100만 달러**를 받고 있다고 '차이나워치'의 게시 대가를 유일하게 공개했는데, 중국 공산당의 대외 선전비 약 1백억 엔 (한화 1천 3십억 원 가량) 중 대체 어느 정도의 액수가 일본과 호주로 흘러들었을까.

2016년에 체결했던 호주-중국 언론 합의에는 호주의 주요 언론 소속 기자를 '연수' 명목으로 중국에 보내는 각서도 포함되어 있다. 같은 해 7월, 기자가 중국에 '연수'를 가자마자 즉시 효과가 나타났다.

2018년 10월 19일, 미국 아이오와주의 「디모인 리지스터(Des Moines Register)」 신문에 「차이나워치」 광고가 삽입되었다. 미·중 관세인상 전쟁으로 큰 타격을 입은 아이오와주의 대두 농가를 노리고 트럼프의 대중 정책에 반대의 목소리를 높이려고 하는 선전의 일환이다. ⓒ AP/연합뉴스

백전노장인 베테랑 기자가 발전한 중국의 거리를 보고 "이것을 인정하지 않는다니, 호주는 끝장이다", "중국은 황금알이다", "일대일로에 들어가지 않으면 손해다, 약간의 억압을 받더라도 경제적 이익은 가볍게 볼 수 없다" 등 **중국 예찬의 대향연**이 되었다.

게다가 중국과의 교류에 우려를 표한 자국 내부 의견을 "외국인 공포증", "겁쟁이 국가" 등의 용어를 써가면서 비판 견제하며 안보에 관

해서도 "남중국해에서 중국의 입장을 인정하지 않는다면 싱가포르의 귀는 집어 삼켜질 것이다", "중국은 평화와 안전을 바랄 뿐이다", "미국과 함께 이라크 침공에 참가한 것은 잘못되었다, 지금부터 중국과 함께 걸어가야 한다"고까지 썼다.

중국 투어는 중국 측이 준비한 것으로 애초 취재를 허락한 내용도 '중국이 기자들에게 보이고 싶은 모습' 뿐이었다. 기자라면 그 이면의 진짜 모습은 어떠한지, 중국이 어필하는 노림수는 무엇인지를 가려내야 하는데 '접대 여행', 즉 식사 비용부터 여비까지 중국이 부담하는 모습에 감동할 정도로 그들은 순진했다. 비용을 상대방이 부담하는 '사실 발견 투어'는, 실은 '취재'라고 볼 수도 없다.

㉙ 중국이 해외 언론에 쓰는 '당근과 채찍'

중국 공산당은 해외 미디어에 '자금' 외에도 '중국 국내에서 취재할 수 있는 권리'라는 '당근'을 준다. 그 이면의 '채찍'으로 중국에 관한 '긍정적이고 균형 잡힌 보도', 즉 중국이 원하는 보도를 하지 않으면 '취재할 권리'를 박탈하겠다고 위협한다.

호주의 공영방송 ABC의 전 중국지국장인 **매튜 카니(Matthew Carney)의 경험**은 그 두려움을 알려준다. 매튜 카니는 신장위구르자치구의 집단 억류를 취재했을 때 공안 당국자에 둘러싸여 밤중에 휴대전화가 원격 조작되는 현장을 목격했다. ABC의 웹사이트가 중국 국내에서 갑자기 열리지 않게 되고, 사무실로 '중앙망락안전화신식화위원회(中央網絡安全和信息化委員會, 영어로는 Central Cyberspace Affairs Commission, 또는 Central Leading Group for Cybersecurity and Informatization 라고 하며, 인터넷 보안, 검열을 위한 중국 공산당의 대표적인 기구 중 하나다. 시진핑 서기장이 위원장이다. - 옮긴이)'의 관계자라고 칭하는 남성으로부터 전화가 와서 "당신들의 보도는 국가의 안전을 위협에 노출시키고 명예를 실추시킨다"라고 경고를 받는 등, 압력을 느꼈다.

베이징 당국은 호주 공영방송 ABC의 중국지국장을 지낸 매튜 카니 기자가 단신 부임이 아닌 가족을 동반했다는 점을 노리고 "우리는 당신의 딸을 비공개 장소에서 구류할 권리를 가지고 있다"며 비상식적으로 위협했다.
(매튜 카니 트위터 계정의 프로필 사진)

당국이 외국인 기자의 비자를 갱신하지 않아, 국외 퇴거로 내몰린다는 사실을 알고 있었기 때문에 일찍 비자 갱신을 신청하자 중국 외교부가 "차를 마시러 오라"고 지시했다. 출두를 하자 그들은 매튜 카니가 집필한 기사를 읽으며 질책했다. 반론을 하자 상대방은 매우 화를 내며 "그러다간 수사 대상이 된다"고 통보했다.

갱신 시기가 가까워져 입국관리국에 비자 연장 스탬프를 받으러 가자 매튜 카니는 외교부가 아닌 공안 안건에 연루되어 있었다. 게다가 14살인 딸까지 "조사에 데리고 오라"고 했다.

"당신의 딸은 중국 법률로는 성인이며, 중화인민공화국은 법을 지키는 나라이므로 비자 범죄로 기소가 된다."

"법을 지키는 나라로서 중국이 당신의 딸을 구류할 권리가 있다는 사실을 알고 있는가?"

이런 식인데, 완전한 위협이다. "처벌과 보복의 대상으로 상대방의 가족을 노리는 것은 중국이 자주 쓰는 수법"이라고 매튜 카니는 말한다.

그는 그 후 무사히 중국을 탈출했지만, 그렇지 못한 사람도 있다. 바로 2020년 8월에 구속된 중국 국영 방송사 영어 뉴스 부문에 근무하던 중국계 호주인 청 레이(Cheng Lei)다. 그녀는 중국 공산당에 비판적인 보도를 한 것이 아닌데도, 그 해에 호주와 중국 간에 외교 마찰이 발생하자 **본보기식으로 구속**된 것으로 보인다.

청 레이는 10살 때 중국에서 호주로 이민을 온 호주 국적자다. 학교도 모두 호주에서 다녔으나, 이후 언론인으로서의 경력 상당 부분은 중국 텔레비전 방송의 기자직과 앵커직을 통해 쌓았다. 2020년 8월, 갑자기 중국 당국에 구속되고 말았는데 호주와 중국 사이의 관계 악화로 그녀의 석방은 요원해보이는 실정이다. (2019년 11월 6일 촬영) ⓒ Vaughn Ridley/Web Summit

같은 시기에 중국 국내에 있던 호주인 기자 마이클 스미스(Michael Smith)도 중국 국가안전부 인물로부터 '한밤중의 방문'을 받고 출국금지 위기에 놓일 뻔한 상황에서 가까스로 탈출했다고 고백했다.

중국에서는 이전부터 언론의 자유를 제한하거나 기자에 대한 압력이 지적되었지만, 시진핑 정권 들어 상황은 대단히 악화되었다. '국경 없는 기자회(Reporters Without Borders)'가 발표한 2019년 '**언론의 자유도 지수**'에서 중국은 180개국 중에서 177위를 차지했다. 미국의 '언론인보호위원회(CPJ)'에 따르면 2020년 12월 1일 시점에서 세계 각지에서 구속된 언론인 274명 중 47명이 중국에 의한 것이라고 한다.

㉚ 전세계에서 언론의 자유를 위협하는 중국식 신질서

보도를 선전의 수단으로 삼는 중국 공산당의 언론은 "세계를 관리하고 세계에 중국의 목소리를 들려주자"라는 마오쩌둥의 방침을 현대에 활용하여 국제사회의 중국에 관한 의견을 제어하려고 시도한다.

해외 언론의 네트워크를 이용하여 중국발 기사와 정보를 내보내는 전략에도 여념이 없다. 미디어망이 발달하지 않은 아프리카에서는 중국 자본을 직접 투자해 그야말로 '실험장'이 되었다. 개발도상국에서는 중국 공산당에 의한 교육 훈련을 받은 언론인이 이미 수만 명이나 탄생했다.

지원과 연계는 평화 교류와 우호라는 이름으로 앞서 선전된다. 1990년대 호주는 중국 언론에 보조금을 들여 디지털화를 지원했다.

각국의 언론은 중국에 대해 더 알고, 중국 국내의 정보를 취재하려는 이유, 혹은 자금난으로 경영이 어렵다는 현실적인 이유로 **'호혜적 협력 관계'**라는 이름 아래 중국 미디어와 연계한다. 영국, 독일, 이탈리아, 그리스, 벨기에, 포르투갈 등 유럽 각국이 협정을 맺었다.

모든 나라들이 자국으로 흘러들어오는 중국의 '선전적 보도'를 그냥 내버려뒀고, 자국발 보도가 중국 국내에 흘러 들어갈 때는 공산당의 검열을 허락해줬다. "중국에서 보도를 하기 위해서는 어쩔 수 없다", "내보내지 못하는 것보다는 낫다"라는 변명을 하지만, **결**

과적으로 중국의 견해에 가까운 보도만 하게 되었다. 비자를 거두어들이고 관계가 악화되는 사태를 피하기 위해 유럽과 미국의 언론은 점차 '중국이 말하기 전에 심기를 거스르는 것들은 도로 물리는' 자기 검열을 하게 된다.

중국이 만드는 언론 신질서

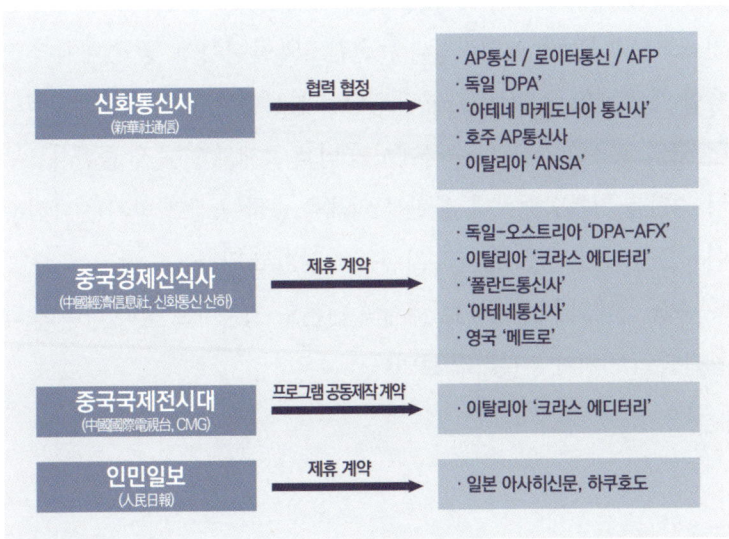

중국 공산당의 대단한 점은 외국인이 중국 예찬을 입에 올리는 편이 중국인 자신의 자화자찬보다 효과적임을 인식한 데 있다. 그 때문에 '중국 비판'에 대한 반론도 **외국인에게 외주**를 주는 경우가 많다.

중국 국내의 해외 언론발 정보도 "해외 보도에서도 이렇게 중국에 대해서 긍정적이다"라는 식으로 이용되며 중국 공산당의 선전에 가담한다. 이것이야말로 중국이 목표로 하는 '언론의 자유, 표현의 자유를 위협하는 것이 허용되는 '**미디어 신질서**"다.

그 먹잇감이 되는 것은 신문, TV, 라디오, 인터넷뉴스와 같은 언론기관만이 아니다. 중국은 자금력을 이용하여 학술출판사에도 영향을 미치고 있다. 케임브리지대학출판사가 중국에서 논문 데이터베이스의 온라인 표시에 대해 중국 당국의 검열을 일시적으로 허가하여 큰 문제가 됐던 사실이 그리 옛날 일이 아니다. 2019년에는 중국의 한 인쇄회사가 오스트레일리아와 뉴질랜드의 출판사에 "중국 내에서 인쇄할 때 게재할 수 없는 토픽"의 일람을 통보했다. 클라이브 해밀턴의 『중국의 조용한 침공』도 중국에서의 인쇄 문제로 인해 세 출판사로부터 출판을 거부당했는데, 출판물 인쇄를 중국 공장에 맡기는 나라는 인쇄물을 통한 언론, 출판의 자유를 빼앗기고 만다.

중국 국내와 마찬가지로 세계의 언론도 조종하고 싶어 하는 중국 공산당의 의지가 뚜렷하게 보인다.

제 6 장

대학과 지역을 마음대로 조종한다

㉛ '천 개의 모래알' 계획 - 농작물 서리에서 사이버 범죄까지 저지르는 마이크로 스파이들

스파이라고 하면 이전에는 특수 임무 기관에 소속되어 특수한 교육을 받고 신분을 감춰 대상에 접근해 기밀 정보를 수집하고 당국의 지시에 따라 타깃의 언행을 유도하는 프로페셔널과 같은 존재였다.

그러나 현재, 중국 공산당은 이러한 프로페셔널 스파이 뿐만 아니라 아마추어 스파이를 해외의 다양한 장소에 두고 있다. 아니, 해외의 다양한 지역에 살고 있는 중국인을 중국 공산당이 스파이로 활용하고 있다. 맡기는 임무의 폭도 다양한데, 단순한 정보 제공부터 기술과 정보의 절도, 현지에서의 선전 공작, 요인에 접근, 그중에는 밭을 파헤쳐 종자를 훔쳐 중국에 보내는 바이오 기술 범죄까지 있지만 모두 특수한 훈련을 받지 않은 **민간인도 해낼 수 있는 임무**가 주어진다.

미국의 싱크탱크인 국제전략문제연구소(CSIS)가 2000년부터 2019년 초까지의 사안을 조사한 '중국 관련 스파이 사건 보고서(Survey of Chinese Espionage in the United States Since 2000)'에 따르면 137건의 사건 보고 중 57%가 '중국의 군인 또는 정부 직원', 36%가 '중국의 민간인', 7%가 '중국 이외의 실행자(대부분은 미국인)'였다고 한다.

'중국의 민간인'이란 화교, 학생, 학자 및 연구자, 사업가 등 다양하다. 그들은 광범위한 정보를 수집하는 '마이크로 스파이'로서 **'천 개의 모래알' 계획**(일반인도 쉽게 모을 수 있는 미시적 정보도 천 개가 모이면 큰 것이 된다는 인민 총 스파이 작전)에 투입되어 대사관과 영사관에 적극적으로 정보를 제공하도록 요구받는다. 활동 자금과 보수 제공, 귀국했을 때의 편의 등 '당근'을 주는 한편, 따르지 않으면 중국 국내에 남은 친척을 공산당이 예의주시하는 '채찍'이 사용된다.

특히 노리는 것은 대학과 싱크탱크 등의 연구기관이다. 연구자끼리의 교류에서 쌓이는 인맥은 중국 공산당이 공작을 펼치는 데 발판이 되어 '중국의 견해'를 널리 알리는 접점이 된다.

2014년 5월 19일, 미국 사법부 장관은 미국 대배심이 중국의 해커 5명을 경제 스파이와 기업 비밀 절도로 기소했다고 발표. 이 5명은 미국 기업에 사이버 공격을 한 중국군 장교였다. 국제적 사이버 스파이 사건으로 중국군 관계자를 형사 고발한 첫 사례가 되었다. ⓒAP/연합뉴스

연구 내용 그 자체도 당연히 도난당한다. 민간 기업도 기밀성이 높은 정보를 가질수록 침투할 가치가 높아진다.

2020년 12월 14일자 「디 오스트레일리안(The Australian)」은 미국, 영국, 독일 등 10여 개의 외국 공관에서 다수의 중국 공산당원이 근무

하고 있었다고 보도했다. 유출된 공산당원 195만 명분의 데이터로 조회해본 것으로, 방위 산업을 영위하는 미국 보잉과 신형 코로나19 백신을 개발 중인 미국 화이자, 영국 아스트라제네카에 근무하고 있는 사람도 있음이 확인되었다.

중국 공산당의 정보망이 전 세계에 뻗어있는 것은 중국 공산당으로부터 박해받는 사람들에게 매우 큰 위협이다. "중국을 떠나도 지구상 **어느 곳에서든 찾아낸다**"라고 호언장담하는 스파이망이 펼쳐져 있기 때문이다.

이러한 수십만 명 규모의 마이크로 스파이가 사회에 침투한 현실에 대해 각국의 경찰도 "그들을 다 잡아들일 수는 없다"며 손을 든 상태라고 한다.

㉜ 호주 전국의 전기가 사라지는 날

사람들의 생활을 지탱하는 전기, 수도, 가스 등의 인프라는 끊기면 생활은커녕 생명까지 위험에 처하는 라이프라인이다. 그러나 오스트레일리아는 이 중요한 인프라 **대부분을 중국 자본에 넘기고 말았다**.

호주 빅토리아 주의 전력공급 회사 5개 사와 사우스오스트레일리아 주의 송전회사 일부가 중국 국영기업인 '국가전망유한공사(国家电网有限公司, SGCC)'('국가전력망공사', 또는 'State Grid'라고도 부른다.)의 지배하에 놓이게 됐다. 그 이외의 전력회사를 소유한 것도 홍콩 기업인 '창장지젠(長江基建, CKI)'(홍콩의 대표적인 재벌인 리카싱(李嘉誠)과 관계된 회사로 '청쿵인프라스트럭처'라고도 부른다.) 이외에 전력과 관련된 인프라 대부분이 중국 자본의 소유다.

미국의 정보 활동을 내부 고발한 에드워드 스노든은 일본의 요코타 기지 근무 시절의 이야기를 꺼내며 "미국은 일본의 전력망에 멀웨어를 심었고, 동맹국이 아닌 상태가 되면 언제든 정전으로 만들 수 있다. 내가 멀웨어를 심은 장본인이다"라고 증언해 세계를 놀라게 했는데, 호주는 그 정도를 넘었다. 멀웨어를 심을 필요도, 전력회사의 사람을 스파이로 삼아 송전선을 자르거나 송전 장치를 파괴하거나 할 필요 없이 그냥 '여차'하는 순간에 호주 전체의 전력공급을 차단할 수 있다. 왜냐하면 송전 공급도 송전도 중국 자본인 회사가 사업을 맡고 있기 때문이다.

중국 공산당이 지시를 내리는 즉시 회사 업무의 일환으로 전력공급을 차단하면 그것으로 끝이다. 해킹도 물리적 파괴 활동도 아예 필요가 없다.

미·중 전쟁이 '냉전'에서 '열전'으로 바뀔 때, 중국은 미국의 힘을 깎아내리기 위해 호주에 압력을 행사할 것이다. "만일 미국 측에 서서 참전한다면 호주의 전기는 끊긴다고 생각하라. 그래도 참전하겠는가?" 하고 말이다. 호주는 미국에 "중국과의 전쟁은 단념하기를 바란다" 하고 간원할 수밖에 없다.

매수된 호주의 에너지 인프라

국가전망유한공사 (国家电网有限公司, SGCC)	매수 →	빅토리아 주 전력공급 회사
	매수 →	남오스트레일리아 주 송전회사
창장지젠 (長江基建, CKI)	매수 ↗	
	매수 →	듀에트 사(인프라 운영회사)
중뎬그룹 (中電集團, CLP)	매수 →	에너지오스트레일리아(서부 주)
저우다푸 (周大福, 홍콩·Chow Tai Fook Enterprises)	매수 →	아란타 에너지(에너지 인프라 기업)

* 전력망은 통신 서비스와 융합되어 있어, 중국의 소유자가 호주의 인터넷과 전화 메시지 기능까지 모두 접근 가능하다.

전력공급으로 지켜지는 **자국민의 생활과 생명이 인질로 잡혀있는 것**이나 마찬가지이기 때문이다.

다시 말해 전력공급, 송전회사를 호주가 자국 자본으로 되돌리거나 적어도 자유민주주의에 적대적이지 않은 국가의 자본으로 대체하지 않는 한, 뒤따라붙는 거대한 리스크를 떠안게 된다. 물론 중국 측에서 보면 상대방의 행동을 조종하는 데 이 정도로 '쓸만한' 도구는 없을 것이다.

아니나 다를까 2016년에 호주 연방정부는 '인프라에 관련된 특정 자산을 중국에 매수당하면 곤란해진다'는 사실을 깨닫고 외국투자위원회에서 심사를 시작했다. 2017년에는 '중요 인프라 센터(Critical Infrastructure Centre)'를 설치하여 '외국 자본에 매수되면 국가의 안전과 관련되는 시설'로 등록하여 매수를 인정하지 않기로 했는데, 이미 때는 늦었다. 가령 소유자가 호주 시민권을 가지고 있어도 중국 공산당의 의도로 움직이는 기업이 있는 이상, 진정한 자본 관계의 근본적인 조사는 어렵고, 충분히 기능을 다 할 수 없는 구조적 문제도 있다. 이것이 바로 호주의 현재 상태다.

㉝ '호주 자국과 동맹국의 병사를 죽이는 무기' 개발에 협력하는 호주 대학

세금을 투입해서 육성한 자국의 재산인 '학자들의 두뇌'와 '대학의 설비', 이를 이용하여 자국과 동맹국의 병사를 죽이는 무기 개발로 이어지는 공동 연구를 진행하고 있다. 중국의 군사 강국화를 돕는 것이 호주와 일본 학술계의 오늘이다.

중국의 대학과 군사 개발을 맡는 기업은 인민해방군과 거의 일체화되었는데, 호주와 일본의 대학은 중국의 대학이나 기업과의 공동 연구에 힘쓰며, 자각이 없이 중국의 새로운 병기 개발에 이바지하고 있다.

시진핑이 추진하는 '군·민 융합 전략'은 민간의 과학기술을 군사에 활용하는 것을 주된 목적으로 한다. 예를 들어 일본의 '일본학술회의(Science Council of Japan)'와 제휴 각서를 체결하기도 한 중국의 중국과학기술협회(中國科學技術協會)는 민간단체이지만, 중국 국무원 직속의 중국과학원(中國科學院), 중국공정원(中國工程院)과 공식적 협력 관계에 있고 하이테크 기술을 국가가 흡수하는 장치로 되어 있다.

2021년 1월, 최고 수준의 외국인 연구자를 중국에 초대하는 '천인계획(千人計劃)'에 44명이나 되는 일본인 연구자가 협력했다고 「요미우리신문」이 보도한 바 있는데, 민간 협력을 가장하여 이전된 기술은 중국의 군사 발전에 도움을 주고 있다.

호주에서는 시드니공과대학이 중국전자과학기술공사(中國电子科技集團公司, CETC)와 공동 연구 센터를 두고 스텔스기의 개발, 연구를 진행하고 있다. 이 스텔스기가 정보 수집·공격할 표적이 누구일지 생각하지 않는 것일까. 또 스마트시티 연구소도 설립하여 조기 경계 방지에 관한 연구와 사이버 공간의 제어에 관한 연구까지 하고 있다.

시드니공과대학은 호주의 국방과학기술기구그룹(Defence Science and Technology Group, DST Group)과도 파트너십을 체결했는데, 호주의 군사기술 연구는 이렇게 한 다리를 걸쳐서 중국에 죄다 유출될 것이다. 함께 연구하는 시점에서 **이미 중국 측에 정보가 유출**되기 때문이다.

뉴사우스웨일스대학은 화웨이 등과의 합동 프로젝트를 시작해 세계 표준의 와이어리스 인프라 개발에 착수했다.

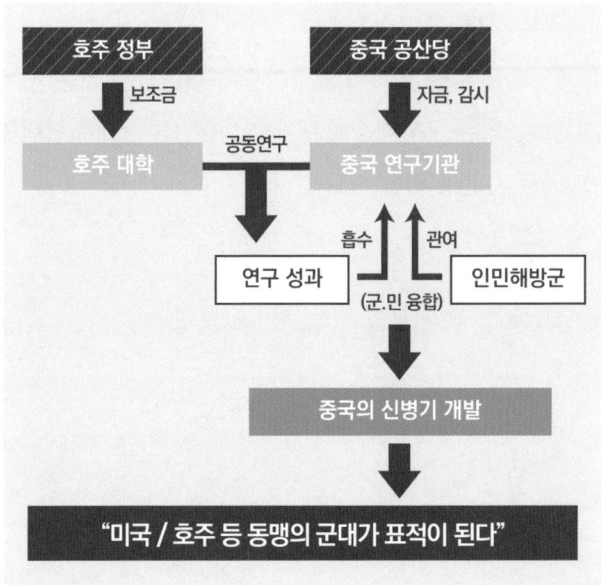

자기를 겨누는 병기 개발을 도와온 호주

호주 정부가 기술개발 지원으로 시작한 '호주연구위원회(Australian Research Council, ARC)'는 이 프로젝트에 45만 6천 달러를 투입했다. 화웨이와 인민해방군 첩보부와의 관계는 이미 훤히 드러났는데, 대학 측은 "어디서 부는 바람이냐"라는 듯이 무심하다.

어디 그뿐인가. 뉴사우스웨일스대학과 호주국립대학(ANU)은 중국 공산당·인민해방군 산하의 중국 국방과기대학(国防科技大学)의 학자까지 받아들이고 있다.

호주 연구기관의 **개방성은 중국 공산당에 제멋대로 이용당하고 있는데**, 이러한 경계론에 대해 연구자와 대학 관계자는 "원래 군·민 양용 사용을 가정한, 공개된 기술이므로 중국에 이용당한다는 비판은 적절하지 않다", "호주에도 경제적 이익을 가져다준다"면서 수상할 정도로 낙관론을 펼치고 있다.

중국 공산당이 서방 국가의 연구기관에 접근하는 것은 미국에 대항하고 이길 수 있는 군사력을 손에 넣기 위해서다. 이에 협력하는 미국의 동맹국은 자살 행위를 하고 있다.

㉞ 대학 내에 마련된 중국 공산당의 공작 기관 '공자학원'

2019년, 미·중 대립이 한창이던 때 미국에서 차례로 '공자학원'이 문을 닫았다. 대학 내부에 "중국어와 중국 문화 이해를 촉진한다"라는 명목으로 설치된 조직인데, 그 실태는 중국 공산당 직속의 프로파간다 기관으로 **유럽과 미국 대학 내의 대중국 언론을 단속하는 감시 기관**이다.

공자학원은 미국, 호주, 프랑스, 영국 등 각국에 널리 퍼져, 총 500여 개교에 이르렀다. 침투 공작에 가장 성공한 호주에서는 무려 교육부의 내부에까지 공자학원이 설립됐을 정도다. 시드니대학, 퀸즐랜드대학, 뉴사우스웨일스대학 등 각 학교에 공자학원 조직 설립을 허가했을 뿐만 아니라, 호주 국내 초·중·고등학교에 6개 학급의 '공자학당' 설립을 허가했다. 설립 경비는 물론 중국 부담이었고, 중국 선전부가 중국 교육부를 통해 '자금 세탁'한 자금에서 나오는 비용 1만 달러와 함께 중국인 '조수'가 따라오는데, 직원은 중국 공산당의 지도를 받는다. 당 중앙정치국 전 상무위원인 리창춘(李長春)이 "공자학원은 중국의 해외 프로파간다 확산을 위한 중요 기관"이라고 밝혔다.

위기를 느낀 호주 국민 일부는 "중국 문화는 좋지만 중국 공산당은 다르다", "공자학당이 무상이라도 프로파간다를 아이들에게 노출시킨다"고 항의가 빗발쳐, 2019년 8월에 뉴사우스웨일스주의 13개 공자학당의 폐쇄가 결정되었다.

공자학원과 각 대학 사이에는 각서와 계약서가 체결되었는데, 그 내용은 **비밀**로 되어 있다. "중국의 국가 통일을 위협하는 것"이나 "중국의 국가 안보를 위협하는 것"은 취급하지 않는다는 계약을 맺은 대학이 있는데, 구체적으로 무엇이 해당하는지는 중국 마음대로다. 파룬궁, 티베트, 천안문 사건을 언급해서는 안 되는 것은 물론, 대만 문제와 홍콩 문제에 대해서도 "중국 공산당의 견해"에 따르는 것 이외는 "중국 국가를 위협하는 것"으로 인정되고 만다.

공자학원은 유학(儒學)에 관한 교육 기관이 아니라 해외 대학에 들어가 정치적 압력과 영향력을 행사하는 중국 공산당의 선전 기관 중 하나다. 사진은 영국 국빈 방문 중에 시진핑 중국 주석이 UCL 공자학원 연례회의 현판 제막식에 참석한 장면이다. ⓒAP/연합뉴스

캐나다의 맥마스터대학은 공자학원 개설 때 대학 직원에게 **"파룬궁을 실천하지 않는다"**는 조건을 달았다. 이 조건은 즉시 비난을 받았지만, 이 문구를 문서에서 지우지는 못한 채 결국 폐원에 이르렀다.

캐나다의 빅토리아대학에서는 아이러니한 사건도 일어났다. 2018년 '공자학원이 대학에 영향력을 미친다'라는 내용의 영화('공자라는

미명 하에(In the Name of Confucius)'(도리스 리우(Doris Liu) 감독) 상영회가 예정되어 있었는데, 학내에 있는 공자학원의 압력으로 무산되었다고 한다. **공자학원의 영향력을 몸소 증명한 사건**인데, 그 밖에도 공자학원은 각국의 대학에서 달라이 라마의 강연을 중지시키거나 위구르인 활동가의 행사 참가자 사진을 유학생에게 찍게 해, 대사관에 제공토록 했다고 한다.

   중국은 공자학원을 이용해 자신들의 소프트파워를 강화하고, 서양 국가의 대학 내 언론을 위축시켜 학문의 자유를 위협하고 있다. 그야말로 "공짜만큼 비싼 것은 없다."

㉟ 문화도 중국 공산당의 '전쟁터'로 변하다

"중국의 문화, 역사 그 자체는 그래도 좋다"고 말하는 사람이 많을 것이다. 그러나 이렇게 솔직한 감정마저 중국 공산당에 이용당한다. 중국 공산당은 **'무엇이 옳은 중국 문화인가'를 정의**하고, 당과 관계없는 중국 문화를 선전 공작에 이용하기 위해 문화 진흥에도 항상 정치 선전이 따라붙는다.

예를 들어 화교들이 해외에서 하는 춘절 축제인 '차이나 페스티벌'은 베이징과 가까운 세력이 커뮤니티 조직이라는 이름으로 공산당 색깔을 강화하는 절호의 기회가 된다. 일대일로 구상에도 당이 주도하는 '홍색 문화 수출'이 얽히는데, 그중에서도 시진핑이 힘을 쏟는 것은 한의학(중의학)과 태극권의 수출이라고 한다.

중국에 사는 종합격투기 선수 쉬샤오동(徐曉冬)이 태극권의 달인을 도발해 실제로 싸워서 때려눕히자 당국은 분노하여 쉬샤오동의 비행기 이용과 고속열차 이용을 금지했다. 전혀 어른스럽지 못한 대응이지만, 이러한 작은 '반란의 씨앗'도 놓치지 않는 당의 철저한 자세를 엿볼 수 있다.

중국의 전통문화뿐만이 아니다. 오케스트라와 오페라 등 상위 문화를 지원하는 바오리문화그룹(保利文化集團)은 다양한 악단과 공연을 후원하고 '중국은 서양 문화에도 조예가 깊다'는 명성을 높이는 데 이바지한다. 모회사인 바오리그룹(保利集團, 보리그룹)은 바오리과학기술유한공사(保利科技有限公司)라는 국유 병기 제조회사를 통해 재벌화된 군 관련 기업이다.

중국 공산당은 당의 기관 단체로서 문화 포럼과 문화기금단체를 가장한 조직을 설립해, **문화라는 위장 망토를 쓴 정치단체**를 차례로 각국에 보내고 있다. 문화 이벤트에서는 친베이징파만 모여, 해외로 도망친 중국계 아티스트의 활동은 방해받고 억압당한다.

미국에 거주하는 순수미술가인 왕빙(翁冰, Bing Weng)의 작품전을 개최한 노스캐롤라이나주의 아트센터는 항의를 우려해 '정치적'인 그림 3점을 전시하지 않기로 결정했다. 파룬궁 신자들과 관계된 '션윈예술단(神韻藝術團, Shen Yun Performing Arts)'은 중국의 고전 무용을 무대에 올리는데 중국 정부는 이 단체의 모든 해외 공연을 무산시키려 하고, 잘되지 않을 때는 "중국과 당신 나라의 관계에 영향이 생길 것이다"라면서 위협한다.

2019년 개봉한 영화 '베를린, 아이 러브 유'에서 반체제파 예술가 아이 웨이웨이(Ai Weiwei)의 출연 부분이 중국을 두려워한 배급사의 자기 검열로 삭제되었다. 사진은 독일 베를린 연방의사당에서 '나는 홍콩인이다! 인권과 민주주의에 대한 토론(I am a Hong Konger! Discussing Human Rights and Democracy)' 행사 토론회에서의 아이 웨이웨이. (2020년 9월 29일 촬영) ⓒAP/연합뉴스

중국 공산당은 문화에 자금을 제공하는 당근을 주면서 검열이라는 채찍을 휘두른다. 최근 중국 자본의 할리우드 진출이 눈에 띄는데, 제작 측에 중국 기업 텐센트가 참가한 영화 '탑건'의 속편에서는 전작에서 주인공의 재킷에 붙어 있던 **일본 국기와 대만 국기가 사라졌다**. 디즈니 실사 영화인 '뮬란'은 주연 여배우가 홍콩 시위에 대한 경찰의 대처를 지지하는 발언을 했고, 일부 촬영이 위구르 자치구에서 이루어지면서 중국 당국과의 협력 의혹이 제기돼 보이콧 소동으로 번졌다.

체제 비판은 예술의 큰 주제인데, 중국에서는 당연히 허락되지 않는다. 반체제파 예술가로 베이징의 '새 둥지' 올림픽 스타디움의 설계를 도운 아이 웨이웨이(艾未未, Ai Weiwei)의 스튜디오 하나가 2018년, 예고 없이 문을 닫았다. 아이 웨이웨이는 2008년 쓰촨 대지진 때 당의 은폐 공작을 비판하여 당국의 분노를 샀다. 앞서 다룬 시진핑의 포스터에 잉크를 뿌린 동야오총도 예술가이지만 정신병원으로 보내졌다.

㊱ 지방에서 중앙을 포위한다
– 마오쩌둥 전략의 국제적 실천

외교·안보는 한 국가 중앙정부의 전매특허로서 지방자치단체와 지방의원과는 관계가 없다는 상식도 중국 공산당은 깨버린다. 각국의 중앙과 비교해 각국의 지방에 비집고 들어가기가 더 쉬운데, 중국 공산당은 희박한 경계심을 파고들어 **자매도시와 문화교류를 가장한 정치적 공작**을 펼치고 있다.

마오쩌둥은 '인민전쟁론(人民戰爭論)'의 일환으로 "농촌에서 도시를 포위하라"고 말했다. 중국 공산당은 영향력 공작에도 이 수법을 크게 이용하고 있다.

왜 지방을 노리는 걸까. 여기에는 세 가지 이유가 있다.

첫 번째로 어느 나라에서든 인프라 설비와 군용 시설은 도시부가 아니라 지방에 있다. 게다가 천연자원과 농지가 많고 생산물을 입수하기 쉽다. 중국에서는 부유층을 중심으로 중국산이 아니라 품질도, 안전성도 높은 해외 농산품을 원하는 목소리가 높아지고 있다. 해외의 농지는 이러한 '전략적 물자'와 매수해야 할 인프라 보물 창고다.

두 번째로 **지방의원의 존재**다. 지방의원은 국가안보 문제에 대한 책임 의식이 낮고 외국의 정치 공작에 대한 위기관리 의식이 희박하다. 지방의원 중에는 국정 진출을 노리는 사람도 많은데, 그들에게 중국 공산당과 중국 자본과의 관계, 중국계 주민에 의한 후원금과 지지는 강력한 뒷받침이 된다. 지방의원은 발목을 잡힌 줄도 모르고 '중국이 지방의원에 지나지 않는 나를 알아준다'고 믿고 중국의 의도에 따라 움직이기 쉬운 상태에 스스로 빠져든다.

세 번째로 국정에 대한 압력이다. 지방 경제는 얼어붙고 있고, 중국 자본의 투자와 중국과의 무역 관계 강화는 "지역 경제에 바람직하다." 그 때문에 가령 중앙(연방) 정부가 중국 공산당의 위협을 알아차리고 무역 의존도를 낮추어 중국에 대한 자세를 수정하려고 해도 **지방에서 반대**의 목소리가 높아지면 무시할 수 없다.

1985년에 허베이(河北) 성 직원이었던 젊은 시진핑이 무역 사절단을 이끌고 아이오와 주를 방문한 인연으로 아이오와 주와 허베이 성은 자매결연을 맺었다.

미·중 무역 분쟁이 일어나자 아이오와 주 지역신문인 「디모인 리지스터(Des Moines Register)」에 앞서 말한 「차이나데일리」의 삽입 광고가 들어갔다. 이러한 주에서는 중국의 투자를 받기 위해 '일대일로 구상'을 지지하고 "무역전쟁으로 아이들이 굶게 생겼다!"고 항의하면서 트럼프 정권의 **관세 인상에 반대**하는 목소리가 높아졌다.

중국의 경우 자매도시는 당의 인민 외교 도구로, 방침은 지방자치단체가 아니라 당 조직인 중국인민대외우호협회(中国人民対外友好協会)가 결정한다. 각 도시는 회유를 당하고, '우호'라는 이름 아래 일대일로 프로파간다에 협력하고 중국 공산당의 선전에 놀아나게 된다.

그러한 와중에도 비바람에 맞선 것이 체코의 수도 프라하다. 프라하는 베이징과 자매도시 제휴를 맺고 있었지만, 프라하가 '하나의 중국 정책' 취소를 요구했을 때 베이징이 거절했다. 프라하는 위협에 굴복하지 않고 베이징과의 자매도시 협정을 종료하고 대만의 **타이베이와 제휴**했다. "자매도시 제휴는 정치적인 것이 아니라 문화적이어야 한다"고 주장하는 프라하의 자세는 높이 평가받아야 할 것이다.

2020년 8월 31일, 타이베이에 도착하여 대만 우자오셰(조셉 우) 외교부 장관과 인사하는 체코 상원의장. 코로나 팬데믹 와중에도 이날 체이날 프라하시장을 비롯한 체코 대표단 80명 이상이 대만을 방문했다. 중국으로부터 격한 비판을 받았음에도 체코의 수도 프라하는 베이징과의 자매도시 관계를 끊고 타이베이시와 자매결연을 맺었다. ⓒAP/연합뉴스

제 7 장

일본이
명심해야 할 것들

㊲ '역사 카드'로 철저하게 공격하는 수법

중국은 일본에 대해 "일찍이 일본은 전쟁에서 우리나라를 침략하고, 헤아릴 수 없을 정도의 피해를 주었다"고 하면서 일본의 속죄의식을 자극하여 외교적으로 유리한 상황을 만들어내려고 해왔다.

마찬가지로 호주에 대해서도 '역사'를 무기로 침투를 꾀하고 있다. 그 첫 번째 대상이 "중국과 호주가 함께 싸운" 역사다. 제2차 세계대전이라는 '반파시스트' 전쟁에서 호주와 중국이 공동으로 **파시즘에 맞선 동료**라는 것이다. 정치후원금을 뿌려 호주 정계의 보이지 않는 곳에서 활약한 차우착윙(저우쩌룽)과 황샹모는 2015년 9월, 호주전쟁기념관(Australian War Memorial)에서 중국계 병사를 추도하며 헌화했다. 당연히 기념관에 거액을 기부하여, 두 사람은 특별회원이 되었다.

호주와 중국이 공통의 역사가 있는 것도 사실이지만, 한편으로 제2차 세계대전 후에 호주군이 중국 공산당의 인민해방군과 적대한 역사는 표백되고 말았다. 한국전쟁, 베트남전쟁은 **공산주의와의 싸움**으로, 호주군도 미군 등과 공동으로 공산당과 싸웠는데 이는 전혀 없었던 일처럼 되었다.

게다가 호주군에 소속되어 호주를 위해 싸운 중국계 호주인 병사의 공적에 전 인민해방군 출신 이민자가 '무임승차'하여 '호주 팔로군(제8군)'(팔로군은 원래 일본과 중국의 전쟁 당시에 화베이(華北)에서 활약한 중국 공산당의 주력이다. - 옮긴이)이라는 단체를 조직해 활동한 사실도 빼놓을 수 없다. 중국계 호주군 병사와 인민해방군 출신자는 전혀 연관이 없는데, 굳이 혼동하게 만듦으로써 호주에서 인민해방군을 경계하는 시선을 없애려고 한다.

두 번째로 중국계 이민자의 역사다. 2003년에 호주를 방문한 후진타오는 "1420년대에는 명나라 함선이 호주 대륙에 도착했다. 그 무렵부터 중국인은 이 땅에 정착해 살면서 중국의 문화를 신대륙에 가지고 왔다"고 말했다.

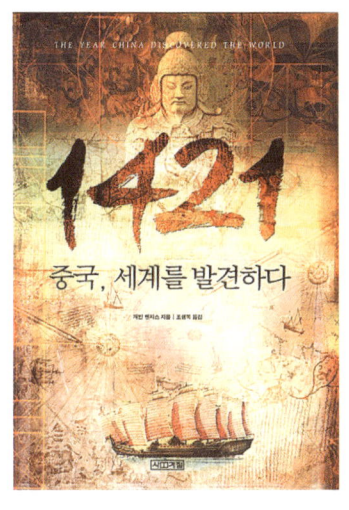

영국 해군 장교 출신의 재야 역사학자 개빈 멘지스는 중국의 정화 함대가 1421년에 북미대륙과 오스트레일리아를 먼저 항해했다는 내용의 책을 출간한 바 있다. 하지만 제도권 역사학계에서는 개빈 멘지스의 책 내용에 대해서 신빙성이 없다는 평가를 내리고 있다.
ⓒ사계절 출판사

이것은 개빈 멘지스(Gavin Menzies)라는 영국인이 쓴 『1421 중국, 세계를 발견하다(1421: The Year China Discovered the World)』라는 책의 내용과 동일한데, 이것은 역사적 근거가 없는 '엉터리 책'이다.

중국 공산당은 평소라면 거들떠보지도 않을 이러한 재료마저도 돌파구로 삼는다. 이 후진타오의 이야기에 감명받은 호주의 한 상원의원이 "후진타오 주석의 성명에 동의하며, **역사를 바꾸어 써야 한다**"

고까지 제안했으니 중국으로서는 대성공이었다. 언젠가는 "원래 호주는 중국의 것이었다"고 말할 가능성도 있다. 2005년에는 주호주 중국 대사인 푸잉(傅瑩)이 "호주는 중국의 세계 항해 지도에 항상 적혀 있었다"고 발언했고, 2016년에는 전 중국 외교부 간부인 리자오싱(李肇星)이 "원나라 때 중국인 탐험가가 호주를 발견했다" 등의 발언을 했다.

강조되는 것은 '교류'와 '우호'만이 아니다. 중국계 이민자가 '백호주의' 아래에서 받은 차별의 역사는 중국 공산당에 있어 절호의 공격 기회다. 어리숙한 호주 역사가들은 다양성을 유지하기 위해 기를 쓰고 확산에 가담하고 있다.

미국을 따돌리고 세계 제일의 대국이 되려는 '일대일로' 전략

일·중 관계는 '일의대수(一衣帶水)'라고 표현돼왔다. "좁은 강을 끼고 있는 인접한 관계"라는 뜻으로 문화와 문명의 왕래도 있었던 일본과 중국의 역사도 느끼게 한다는 점에서 특히 일·중 우호조약이 체결된 1978년 전후는 양국의 정치가가 이 문구를 즐겨 인용했다. 그러나 이 아름다운 표현의 이면에서 중국은 오로지 경제 성장과 군비 확산에 힘쓰고 있고, 현재는 일본의 센카쿠열도까지도 빼앗으려 하고 있다. 중국과 인접해있는 무서움을 알려주고 있는 듯하다.

마찬가지로 중국 공산당이 최근 내세우는 '일대일로' 구상도 미사여구의 이면에 있는 **진짜 노림수**를 바로 볼 필요가 있다.

'일대일로' 구상은 2013년, 시진핑이 주장한 것으로 대륙과 바다에서 각각 루트가 있다. 육로는 파키스탄으로 향하는 것과 중앙아시아에서 서유럽과 러시아로 통하는 것, 해로는 남중국해와 동남아시아를 통해 호주와 남태평양, 중남미 방면으로 향하는 것과 인도양에서 아라비아해, 홍해, 지중해를 거쳐 유럽으로 향하는 것이 있다. 이를 통해 유라시아대륙 전역과 아시아, 아프리카, 오세아니아를 네트워크로 연결해 과거에 번영을 이룩한 실크로드처럼 각국도 '윈윈'의 관계를 쌓아 경제적 이익을 얻는다. 이를 통해 중국이 **글로벌화의 새로운 단계**를 열고 세계 경제의 리더가 된다는 구상이다.

구체적으로는 거액의 차이나머니를 전 세계에 투자하여 중국의 자금, 비즈니스, 그리고 노동력을 해외에 보내 중국 경제의 확대를 계속

한다. 가장 강조되는 것이 인프라 건설과 획득이다. 이것은 중국 국내에서 발생한 철강과 기타 건축 자재의 과잉 공업 생산성을 해소하는 돌파구가 되기도 한다. 그밖에도 앞서 말한 에너지와 식량의 중국 본토 공급 루트 분산화를 위한 매수도 추진한다.

2019년 4월, 베이징에서 일대일로 국제회의의 개막 기자회견에 임하는 시진핑. 미국의 강한 반대를 무릅쓰는 형태로 중국의 광대한 인프라 구축 이니셔티브에 참가하도록 더 많은 나라에 호소했다. ⓒAP/연합뉴스

항만, 공항, 철도, 도로, 에너지 네트워크, 그리고 통신망 등 <u>**사람, 물건, 자금, 정보'가 왕래하는 요소를 중국이 손아귀에 넣으려고 하는 것**</u>이다.

경제적인 연결을 바탕으로 세계 구석구석까지 중국 공산당의 영향력을 떨치고, 중국이 '원래 가져야 할 지위'를 경제적 지배를 통해 달성하려고 한다. 이러한 지위의 회복이야말로 시진핑이 말하는 "중국몽", 다시 말해 "중화민족의 위대한 부흥"에 해당하는데, 그 목적 달성의 중요한 수단이 '일대일로' 구상이다.

한발의 총탄도 쏘지 않고 돈으로 자국의 생각대로 세계 질서를 구축한다. 그것이 중국 공산당의 노림수다. 중국이 창설한 아시아인프라투자은행(AIIB)을 통해 저금리를 내세워 융자하는데, **갚지 못할 돈을 빌려줌**으로써 중국 공산당은 힘을 얻는다. 빌려준 돈을 대신해 정치와 외교의 장에서 중국의 요구를 받아들이도록 압박하는 외에 항만과 공항 등 중요 거점을 집어삼킨다.

경제가 전면에 나서지만, 그 이면의 군사적 패권도 빠짐없이 따라온다. 베이징은 일대일로 관련 지역에서 중국의 자본과 국민을 보호한다는 명목으로 인민해방군의 해외 파견을 실행에 옮기고 있다.

중국 공산당의 생각에 '군사와 민사', '유사시와 평시'를 나누는 벽은 없다. 중국 공산당이 주장하는 '군·민 융합'은 첨단 과학 분야에서 주목받고 있는데, 실제로는 사회의 여러 분야에서 "군·민은 융합되어 있다"고 생각하는 쪽이 정확하다.

이러한 사태를 내포한 '일대일로' 구상에 2019년 현재, 세계 인구 1/3 이상을 차지하는 **60개국 이상이 조인**했다. 앞서 말한 호주의 사례 등, 중국 자본에 의한 인프라 매수의 예는 필리핀 등 각국에서 일어나고 있다. 2017년, 중국 국영 방송의 보도에 따르면 중국 자본이 소유한 외국 항만의 숫자는 60여 개에 이른다. 노리는 바는 "일대일로에 따라 대규모 항구를 잇는 원활하고 안전하며 효율적인 해로 건설"이다.

2016년, 중국 최대의 조선기업인 위안양해운그룹(中远海运集运, COSCO)이 그리스 최대의 피레우스 항구를 손에 넣었다. 유럽 최대 네덜란드의 로테르담 항구를 비롯하여 벨기에의 앤트워프 항구, 제브뤼헤 항구 등도 중국 자본에서 벗어나지 못하는 상황에 있다.

전 인민해방군 소속인 국방 전략가 차오량(喬良)은 일대일로에 대해 **"중국이 미국을 넘어서기 위한 수단"**임을 분명히 밝혔다. 2019년, 말레이시아와의 회합에서 유출된 중국 측 문서에는 일대일로에는 '정치적 성질'이 있는데, 대중에게는 그것을 <u>시장 원리를 통해 움직인 것처럼 보이도록 조치해야 한다</u>고 적혀 있었다. 미국쪽에서 반감을 갖고 있거나 혹은 미국의 투자를 얻지 못한 나라에 접근하여서, 미국에 대한 반감을 심거나 '중국 모델이야말로 앞으로 펼쳐질 국제사회의 기본이 될 것'이라고 생각하게 만드는 큰 목적이 실현되어 가고 있다.

'일대일로'의 진정한 목적은 '중국이 만드는 새로운 국제 질서가 제2차 세계대전 이후 미국이 주도하는 질서를 대신'하는 것이다. 중국과 '일대일로로 이어지는 것'의 무서움을 알아야 한다.

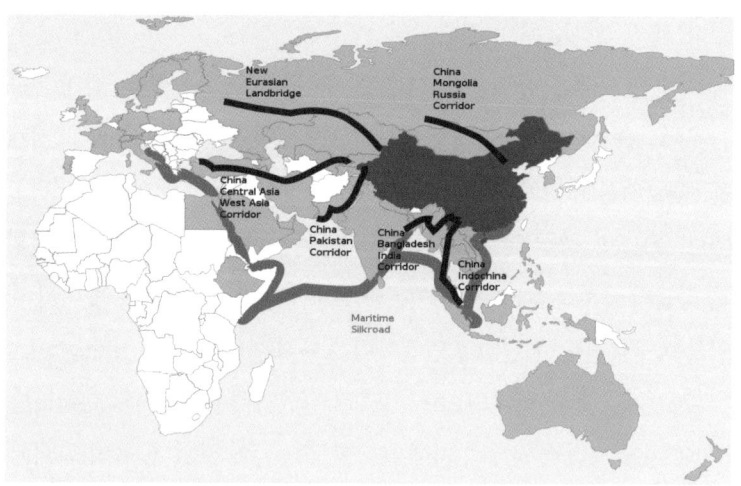

중국의 일대일로 전략. 연회색으로 처리된 국가들이 아시아인프라투자은행(AIIB) 가입 국가들이다. ⓒLommes/WIKIPEDIA

㊴ 일본은 어디까지 '침략' 당했는가

호주에서 일어난 일은 다른 서양 국가에서도 일어나고 있다. 당연히 일본에서 일어나지 않을 리가 없다.

클라이브 해밀턴은 "수천 명이나 되는 중국 공산당의 요원"이 일본 국내, 특히 재계에서 공작원으로 활동하고 있다고 경고한다. 안보 문제에서는 대중국 포위 전략을 내세우던 아베 정권도 '일대일로'에는 긍정적이었다. 2020년, 코로나19 상황 속에서도 중국인 관광객과 시진핑의 '국빈 일본 방문'에 악영향을 두려워해 중국과의 왕래를 차단하는 판단이 늦을 대로 늦어졌다.

"이웃 나라와 사이좋게 지내지 못하는 사람이 국제사회에서 살아나갈 수 있을 리가 없다"면서 중국 접근을 이어나간 자민당의 니카이 도시히로(二階俊博) 간사장을 시작으로 일본의 정계에는 '친중파'가 대거 존재한다. 실제로 중국 기업에서 불법 정치후원금을 받아 체포된 의원도 있다.

중국은 일본에 대해 '오래전 일본군은 중국을 침략했다'는 속죄의식을 자극하는 한편, '일의대수의 이웃 나라'라는 오랜 일·중 관계의 역사를 우호 카드의 지렛대로 써왔다.

자민당의 고노 요헤이 당시 관방장관은 중국을 지나치게 배려한 나머지, 과거에 악천후로 대만에 긴급 착륙한 비행기에서 한 발짝도 밖으로 나가지 않았던 적도 있다.

오자와 이치로(小沢一郎)는 정치 스승인 다나카 가쿠에이(田中角榮)

의 노선을 이어받아 친중 자세를 유지하며 '일·미·중 등간격 외교'를 내세우며 2009년에 민주당이 정권을 잡자 국회의원 143명을 포함한 총 600명 이상의 '거대 방중단'을 이끌고 중국 나들이를 했다. 하토야마 유키오는 총리 재임 중, '중국을 고려하여' 야스쿠니 신사 참배를 삼갔다. 간 나오토(菅直人) 총리는 일찍이 공론의 장에서 대놓고 '대만 독립'을 부정한 적도 있는 확고한 친중파다.

중국 경제가 거대하게 성장하자 재계 인사는 중국 시장에 눈이 멀어 중국 편들기에 나섰다. 그중에서도 민간인이면서 중국전권대사를 지낸 니와 우이치로(丹羽宇一郎)의 존재가 돋보인다.

2019년 4월 24일, 베이징의 인민대회당에서 아베 총리의 특사로 방문한 니카이 도시히로 자민당 간사장과 회견하는 시진핑. 니카이 간사장은 일대일로국제회의에 참석하여 "일·중 관계는 좋은 방향으로 발전하고 있다"는 감상을 남겼다. ⓒ EPA/연합뉴스

니와 우이치로는 '이토추 상사(ITOCHU Corporation)'의 사장으로 중국과 깊은 관련이 있는데, 대사 재임 중에 센카쿠열도 어선 충돌 문제가 일어나고 그 후 '후지타 건설(Fujita Corporation)'의 직원이 중국에서 구속되었을 때 중국 측에 대화의 제스처를 취했지만 거절당했다. '일·중 융화'의 자세는 **이러한 위기 상황에서는 전혀 도움이 되지 않는다.**

그밖에 중국 비즈니스에 매료된 사업가에는 베이징 명예시민상을 받은 '이온(AEON)'의 오카다 다쿠야(岡田卓也), "중국과의 비즈니스는 전쟁의 속죄"라고 말한 '야오한(Yaohan)'의 와다 가즈오(和田一夫), 후진타오와 14번이나 극비 회담한 '도요타(TOYOTA)'의 오쿠다 히로시(奧田碩) 등, 헤아릴 수 없을 정도다. 일본경제단체연합회(Japan Business Federation, 게이단렌)의 나카니시 히로아키(中西宏明) 회장도 "중국과의 관계는 중요하므로 가능한 한 잘 지내야 한다", "중국은 적이 아니다"라고 주장한다.

저출산으로 신음하는 대학 등 **교육 기관도 차이나머니에 지배받고 있다.** 현재 30만 명 이상에 이르는 일본의 외국인 유학생 중 12만 명 이상이 중국에서 온 유학생이다. '교류'라는 이름 아래 중국의 대학과 공동 연구하는 일본의 대학도 많다. '일본학술회의'는 "군사 연구 반대"를 주장하면서 정작 '군·민 융합'에 일조하는 중국과의 교류를 멈추려고 하지 않는다. 이것이 일본의 현실이다.

㊵ 코로나19로 가속화된 '중국의 일방적 승리'

    2019년 11월, 중국 우한에서 시작된 코로나19의 유행은 수개월 만에 전 세계로 퍼졌다.

    베이징의 움직임은 재빨랐다. 2020년 1월에 시진핑은 우한시를 봉쇄했다. 세계 각지에서 마스크와 개인 위생용품 등을 사재기해서 중국에 보내도록 지령을 내리자, 세계 5대륙에 퍼진 중국계 조직이 움직였다. 미국 하원 정보특별위원회의 2019년 증언에 따르면, 동원 가능한 단체는 미국에서만 250개가 넘는다고 한다.

    중국의 메시지 애플리케이션 위챗을 활용한 이벤트의 규모, 속도, 효과는 보통 수준을 넘어 사실상 공작 활동이었다. 당시 스가 요시히데 관방장관은 1월 말 한 주 만에 9억 장의 마스크가 (일본인도 포함하여 많은 사람들에 의해) 일본 국내에서 사재기됐다고 밝혔다. 나고야에서는 3일 만에 마스크 52만 장이 사재기됐다. 캐나다 토론토의 토론토푸칭상공회의소(Toronto Fuqing Chamber of Commerce) 수장은 베이징에서 돌아와 회원들에게 협력을 구해 100여 명 가까이를 사재기에 동원했다. 아르헨티나의 한 중국 재외단체는 요청을 받아 1주일 이내에 약 2만 5천 장의 마스크를 중국에 보냈다.

    중국 정부의 통계에 따르면 2월 말까지는 마스크 20억 장을 포함한 25억 개 물품, 82억 위안(한화 약 1조 4,818억 원) 상당이 중국 본토에 보내졌다. 이상은 중국 국영 통신사인 신화통신사가 자랑스럽게 보도한 내용이다.

일본에서 마스크가 자취를 감추고 의료용 마스크와 방호구도 부족해져 의료 현장이 심각한 사태에 빠진 와중에 일본 가가와 현은 인도적 지원 차원에서 마스크 약 2만 7천 장을 중국 산시성으로 보냈고, 일본 효고 현에서도 마스크 약 100만 장을 우호 제휴한 중국 광둥성과 하이난성에 기증했다. 게다가 도쿄도의 고이케 유리코(小池百合子) 도지사가 비축된 방호복을 중국에 보냈다.

급박한 상황을 견디고 있던 중국 정부는 언제부턴가 신형 코로나에 대해서 **독재적이지만 확실하게 효과적인 자신들의 대처를 선전**하고 나서게 됐는데, 이로써 자신들과 비교해 미국 정부는 처참한 수준의 대응밖에 하지 못함을 강조하게 됐다.

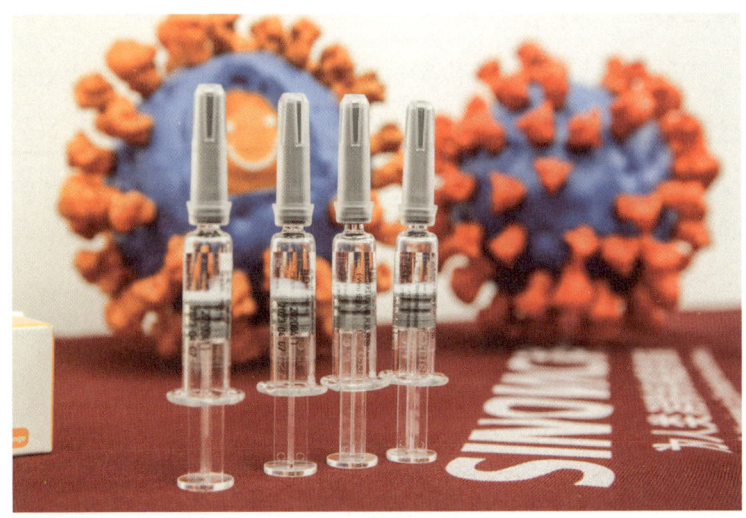

시노백바이오테크(Sinovac Biotech, 科興控股生物技術)가 개발하고 중국 국내에서 접종이 시작된 코로나19 백신. (2020년 9월 24일 촬영) ⓒ EPA/연합뉴스

중국은 2020년 3월 들어 자국에 충분한 마스크 비축을 확인하자 세계에 마스크를 제공한다고 말하기 시작했고, 일본에도 100만 장을 보내겠다고 발표했다. "세계는 중국에 감사하라"는 것이다. 이른바 '마스크 외교'다.

세계의 관심사는 다음에 이어질 '백신 외교'로 옮겨갔다. 왕이 외교부장은 2021년 1월에 나이지리아, 콩고민주공화국, 보츠와나, 탄자니아, 세이셸을 공식 방문하여 백신을 제공하는 대신에 홍콩과 대만 문제 등에 '확고한 지지'를 촉구했다. 서구 국가와 중국 정부, 어느 쪽이 유효한 백신을 전 세계에 신속하게 공급할 수 있을 것인가. 기술상 우위에 선 서구 국가가 백신 외교로 정치적 반격을 할 수 있을지 귀추가 주목되는 상황이다.

북반구의 서구 국가는 감염자 수의 증가에 따른 재차 봉쇄로 신음하는 한편, 중국 경제는 V자 회복을 자랑스럽게 선전하고 있다. 코로나19 이후 펼쳐질 **'중국의 일방적 승리'가 보이기 시작했다**. 그것은 세계 질서를 혼란과 싸움으로 이끄는 '겨울의 시대'를 우리에게 알리고 있다.

마치며

오바마 정권의 시대까지 미국은 '중국을 경제 성장하도록 내버려 두면 언젠가 자유와 민주주의를 요구하는 목소리가 높아져, 함께 풍족해지는 국제 질서 형성에 협력할 것'이라고 기대했다.

그러나 2008년 리먼 쇼크를 지켜본 중국 공산당 수뇌부는 금융 위기가 미국을 붕괴시킬 것이고 그래서 '중국 주도의 세계 질서'가 실현 가능한 시대가 도래했다고 생각했다. 그 전까지의 경제를 우선하며 평화적으로 나아간다는 덩샤오핑 이래의 외교·안보 방침을 버리고 '중국은 미국을 뛰어넘는다'는 야심을 숨기지 않게 되었다.

그래도 당시 후진타오 정권까지는 강대국 노선이 공산당의 서열 최고위 인물의 '합의제'로 정해졌다. 그러나 2013년 이후 시진핑 정권은 상대방을 골라 약하다고 보이면 공격하는 대외 전술을 취하면서 점차 **개인 독재체제**를 중국 국내에서 굳혀나갔다. 대외적으로는 코로나19로 혼란한 유럽과 미국의 허술한 대처를 간파하자 의도와 의욕, 야심을 가지고 전 세계를 상대로 하여 **강경 기조를 전면 확대하는 노선**을 채택했다.

중국은 19세기에서 20세기에 걸쳐 맛본 식민지화의 굴욕을, 자신들이 미국의 압도적인 경제, 정치, 군사력을 대체하는 것으로써 불식하려고 한다. 시진핑의 부상은 이러한 제국주의적인 해석을 선호하고 중국의 세계 지배를 전통적인 '천하(天下)'라는 사고방식으로 정당화하는 사람들에게 자신감을 불어넣었다('천하'는 중국의 황제가 지배하고 황제를 중심으로 돌아가는 세계관이다). 이 사고방식은 시대에 뒤처진 것이 아니라 중국인의 선민의식에 강하게 호소하는 것이다.

이런 사고방식이 시진핑이 말하는 '중국몽'을 뒷받침했고, 이로써 '일대일로'라는 막대한 투자계획을 통해 서양에 대한 중국 공산당의 가치관 침투, 인민해방군의 급격한 확대, 그리고 남중국해의 침략적 병합에 이르기까지 강경파의 공세가 이어져 온 것임이 명백해졌다.

바로 이때 트럼프가 정권을 잡았고, 미국은 중국을 견제하는 방향으로 중국에 대한 태세를 전환했다. 이러한 시기인 2018년에 출간된 책이 바로 클라이브 해밀턴의 『중국의 조용한 침공』이다. 열린 민주주의 국가에 정치, 경제, 재계, 언론, 대학과 연구기관, 이민 등 많은 각도에서 중국 공산당이 침투해 있는 사례 증거를 여럿 들며 경계를 촉구했다.

같은 논조의 연구 논문과 서적이 차례로 간행되었다. 뉴질랜드의 앤-마리 브래디 교수가 쓴 보고서 『마법의 무기, 뉴질랜드에 침투한 중국 공산당(Magic Weapons: China's Political Influence Activities Under Xi Jinping)』(미디어워치 출판사 2022년 7월 출간 예정), 캐나다의 조너선 맨소프가 쓴 책 『판다의 발톱, 캐나다에 침투한 중국 공산당(Claws of the Panda: Beijing's Campaign of Influence and Intimidation in Canada)』, 그리고 클라이브 해밀턴과 머라이커 올버그가 같이 쓴 책 『보이지 않는 붉은 손(Hidden Hand)』도 출판되었다.

이러한 연구로 명백하게 드러난 중요한 점이 있다.

캐나다에서 펼쳐지는 중국 공산당의 침투·전복 공작 문제를 다룬 책 『판다의 발톱, 캐나다에 침투한 중국 공산당 (Claws of the Panda: Beijing's Campaign of Influence and Intimidation in Canada)』 한국어판 표지. ⓒ 미디어워치

    중국 편에 서서 자국보다도 중국의 입장을 대변하여 옹호하는 정치가와 외교관, 지식인을 '**판다 포용자(Panda Hugger)**'라고 부른다. 중국이 어떻게 세계 각국에서 판다 포용자를 길러내고 제어하고 있는지에 대해 지금껏 서구 사회는 **대체로 무지**했다.

    2013년, 중국 '전국선전사상공작회의(全国宣传思想工作会议)'에서 시진핑이 했던 중요한 연설이 있다. 이 연설에서 시진핑은 중국의 이데올로기 권역을 셋으로 나누었다(㉓의 그림 참조).

- 중국 공산당의 거점
- 사상 투쟁의 장인 중간지대
- 중공에 부정적인 여론이 지배적인 적대 세력권

이것은 엄청난 분류인데, 중국 공산당원들은 적과 아군, 그리고 또 '공작'이 완료되지 않은 중간이 있다는 생각으로 각국과 대치하고 있는 것이다. 시진핑은 당에 대해 '중국 공산당의 거점'을 유지하며 이곳으로 전 세계를 끌어들이기 위해 '사상 투쟁의 장인 중간지대'에 손을 뻗고, '중공에 부정적인 여론이 지배적인 적대 세력권'과 싸우도록 지시했다.

마찬가지로 중국 공산당은 국제사회로 나아가 외국인을 '이미 당에 공감하는 사람', 영향력 공작의 주된 타깃인 '정치적 중간자', 설득 불가능한 '강경파'로 분류한다. 앞서 말한 '판다 포용자'는 '중국 공산당의 거점'에 이미 들어가 있다. 그리고 '사상 투쟁의 장인 중간지대'에 있는 중간자들을 자유롭게 열린 사회 구조를 악용하여 서서히 '판다 포용자'로 만들어 나간다. 이 수법이 『중국의 조용한 침공』과 『보이지 않는 붉은 손』에 자세히 해설되어 있다.

가령 일본의 정치가와 외교관은 처음에는 중립을 지키지만 상대방에게 잘 보이고 싶다는 인정에 사로잡혀 결국에는 집어삼켜지고 만다.

이러한 해외 공작을 맡고 있는 곳이 '중국 공산당 **중앙통일전선공작부(통전부)**'라는 조직이다. 여기서는 중국 국내뿐만 아니라 세계 각지의 화교와 중국인 커뮤니티, 소수 민족과 종교 단체, 정계 및 재계 등에 대한 영향력 공작을 담당한다. 목적은 중국의 이익 확대와 정통성의 선전이다.

이 공작의 실태를 구체적으로 분석한 보고서('공산당이 당신을 대변한다(The party speaks for you)'(2020년))가 있다. 보고서를 쓴 앨릭스 조스키(Alex Joske)는 『중국의 조용한 침공』의 조사 협력자로, 호주의 무당파 싱크탱크인 호주전략정책연구소(Australia Strategic Policy Institute, ASPI) 소속이다. 앨릭스 조스키에 따르면 원래 공산주의 소련이 하던 공작을 바탕으로 통일전선공작부가 계승한 것을 최대한으로 강화한 사람이 바로 시진핑이다.

보고서의 요점을 정리하자면,

· 공산당의 의향에 따르게 하는 공작을 실행하는 사이에 노림수가 **점차 글로벌화**되어 갔다.

· 현재는 다양한 산하 조직을 통해 **91개국에서 당당히 공작을 펼치고 있다.**

· **수천 개의 조직**에 영향력을 떨치며 정보의 수집과 기술 이전의 촉진, 반체제파의 억압, 중국 당국이 내세우는 목표에 대한 지지 결집을 맡고 있다.

· 민족, 종교에 대한 의무, 특히 달라이 라마에 협력하는 국내외 티베트 해방 활동을 억압하는 공작을 펼친다.

· 해외(대만)에서의 평화 통일 공작에는 비공산당원 간부 양성도 직무에 포함된다.

· 이 활동은 일반적으로 받아들여지는 외교 수단에서 간첩 행위나 극비 행동까지 다양하므로 열린 사회가 이에 대처하기란 어렵다. "그 결과 사회적 결속의 방해와 인종 간 긴장 증대, 정책에 대한 영향, 언론의 신뢰 저하, 간첩 행위의 촉진과 감시받지 않는 상황에서의 기술 이전 확대 등을 초래한다"고 보고서는 지적한다.

개방적 경제를 내세우는 국가에서 이민과 유학생을 '동원'하면 아픈 약점이 공격받게 된다. 인종 편견과 차별을 용납하지 않는 자유 사회에서는 불편함을 느끼면서도 딱 짚어 지적하기 힘들다. 악질적인 공작을 알아차리더라도 중국 공산당은 지금까지 "타국의 문제에는 간섭하지 않는다"는 입장을 공식적으로 표명해왔으므로 법과 공정을 부르짖는 국가일수록 전면에서 고발하기 어렵다. 정치인이 증거를 제시하며 널리 국민에게 경종을 울리고 대처해 나갈 필요가 있다.

시진핑은 푸젠성에서 15년간 근무하는 동안 화교 공작에 종사한 사실이 알려져 있다. 즉, 통일전선의 전문가라고 말할 수 있다. 2014년에 통일전선공작부의 전임자를 내치고 '대전선'을 부르짖었다. 이듬해에 열린 회의에서는 '통일전선 공작'을 '마법의 무기(법보(法寶))'로까지 지정했다. '주도적 소집단'을 지도하고 2020년 10월의 중국 공산당 제19기 중앙위원회 제5회 전체회의(5중전회)에서 통일전선 공작의 큰 성장을 강하게 내세우며 중앙위원회의 방침에 따르게 하려고 **시진핑 자신이 담당한다고 선전**했다.

티베트에서 벌어진 통일전선 공작도 시진핑이 지휘한 것으로 알려졌는데, 가열찬 활동으로 당 내부의 평가를 높여 권력 기반을 굳건히 해나갔다. 2019년 11월, 중국 공산당의 위구르인 정책의 내부 문서가 유출되었다. 신장위구르 자치구에서 벌어지는 중국 공산당의 인권 탄압은 미국 「워싱턴포스트」 논설위원장이 "금세기 최대의 인도적 범죄"라고 단정했을 정도로 그 잔혹한 실태가 판명이 난 바 있는데, 이 내부 문서에 따르면 그것은 **시진핑의 직접 지시**로 일어났음이 분명해졌다.

인권 탄압이 이렇게나 극명히 드러난 이상, 시진핑이 국제적 리더로 존경받기란 불가능해 보이지만, 일본은 아직도 그를 국빈으로 초대하는 일을 취소하지 않고 있다. 대만과 센카쿠 등 "핵심적 이익"을 둘러싼 충돌은 이제 피할 수 없고, 중국과 국경을 접하는 일본이 미국보다 먼저 위기에 빠질 것이다. 최전선에 있는 일본은 미국의 중국 정책 흐름을 이어나가며, 제2차 세계대전 후 봉인된 주권을 행사하는 것 이외에 이제 남은 길은 없다.

[부록 1] 『중국의 조용한 침공』 일본어판 서문

조용히 진행되고 있는 중국의 침략 계획

중국과의 무역 협정은 일본에 '독배'

베이징의 세계 전략 중 첫 번째 목표는 미국의 동맹 관계 해체다. 그러한 의미에서 일본과 호주는 인도·태평양 지역에서 최고의 타깃이다. 베이징은 일본을 미국에서 떨어뜨려 놓기 위해 갖은 수단을 쓰고 있다.

베이징은 일·미 동맹을 결정적으로 약하게 만들지 않으면 일본을 지배할 수 없다는 사실을 잘 알고 있다. 특히 중국이 쓰는 최대의 무기가 무역과 투자다. 베이징은 '경제적 국정운영술(Economic State-Craft)'이라기보다 오히려 '경제적 협박전술(Economic Blackmail)'이라고 할만한 것의 명수이며, 중국과 다른 나라의 경제 의존 상태를 이용해 정치 측면에서 양보를 하라고 압박한다. 이미 일본은 베이징의 심기를 거스르지 않게 하는 것이 유일한 목적이 되었다.

재계에는 강력한 권익이 존재한다. 중국 공산당이 이끄는 중국과의 무역과 투자에 관한 협정이 일본에 '독배'가 될 수 있는 이유가 바로 여기에 있다.

베이징은 증가하는 중국인 관광객과 해외의 대학에 유학 중인 중국인 학생을 통한 인적 교류마저도 '무기'로 쓰고 있고, 중국에 의존하는 여행사와 대학을 자신들을 위해 일하는 로비 단체로 전락시키고 있다. 무역과 투자 외에도 중국은 해외에서 정치적 영향력을 얻기 위해 기술 면에서 의존 관계를 이용한다.

그렇기에 베이징은 세계 각국에서 화웨이가 5G 네트워크를 구축하도록 독려한다. 화웨이가 사이버 공간을 통한 간첩 활동에 이용되고 있음을 시사하는 케이스가 이미 전 세계에서 보고된 바 있다. 서구 국가의 전략 담당자들은 자칫 분쟁이 발생했을 경우에 베이징이 화웨이의 무기를 이용해 통신 네트워크(당연히 교통과 전기, 은행 등의 네트워크도 포함된다.)를 차단해 상대방에게 장애를 일으키게 할 가능성을 우려하고 있다.

『중국의 조용한 침공(目に見えぬ侵略)』 일본어판 표지. 일본에서 6만부 이상 팔리며 베스트셀러가 되었다. ⓒ 아스카신샤(飛鳥新社)

이것은 단순한 가능성의 이야기가 아니다. 무력 분쟁 상황이 가까워지면 거의 확실하게 일어날 일로 보인다. 시진핑 주석의 '군·민 융합'을 추진하는 계획에는, 중국의 민간 기업을 인민해방군의 군사적 시나리오 구상에 통합시키는 것도 확실히 포함되어 있다.

'중국의 벗'을 키우는 것으로써 침략한다

　일본에서도 수천 명에 이르는 중국 공산당 요원이 활동하고 있다. 그들은 간첩 활동과 영향력 공작, 그리고 통일전선 활동에 임하고 있으며 일본 정부 기관의 독립성을 해치고 베이징이 지역을 지배하기 위해 실시하는 공작에 대항할 힘을 무력화하려고 한다.
　그 일례로 인민해방군의 외국어학교 졸업생이 오랜 기간에 걸쳐 일본에서 무역회사를 가장해 운영해왔던 사례가 있다.
　그는 일본 국내에서 인민해방군의 간부 학교 출신자로 구성된 광범위한 네트워크에 소속되어 중국 공산당의 해외 공작 기관과 비밀리에 연락을 취하고 있었다. 그는 영향력을 지닌 기업가와 보수적인 정치가들과 서서히 연줄을 만들며 기업가와 예술가, 저널리스트, 그리고 고위 공무원 등을 중국에 방문하게 해 '중국의 벗'이 되도록 키웠다.
　그러자 이 '중국의 벗'들은 점차 '중국의 시선'으로 세계를 바라보게 되었고, 일본에 귀국하자 공과 사 모두 "양국은 밀접한 관계를 만들어야 하고, 베이징을 화나게 하는 일은 절대 일본의 이익이 되지 않는다"라고 주장하기 시작했다.
　일본과 중국, 두 나라의 오랜 역사적 앙금과 관련해서 베이징은 일본에 리더십과 우호 관계를 요구하면서도 증오로 가득찬 반일국수주의의 돌발적인 행동을 독려하는 모순에 빠졌던 일이 많다.
　중국 국민들이 반일 증오 감정을 유지하는 것은 중국 공산당으로서는 정치적으로도 큰 가치가 있다. 왜냐하면 당의 정통성은 배타적 국가주의와 배타적 민족주의의 감정을 선동해 이를 이용할 수 있을지 없을지에 달렸기 때문이다. 중국 국민들이 국가적, 민족적 굴욕 감정을 유지할 수 있다면 중국 공산당은 바로 자신들을 '중국 인민의 존엄을 지키기 위한 방법'으로 내세울 수 있는 것이다.

다만 중국 공산당은 당연히 중국 인민들의 존엄과 권리를 매일매일 짓밟고 있는 데다가, 정말 가장 잔혹한 형태로 짓밟고 있는 경우가 많다. 신장위구르 자치구의, 위구르인과 기타 튀르크계를 수용하고 있는 광대한 강제수용소가 그 전형적인 예다.

그럼에도 불구하고 중국 공산당은 스스로를 돌이켜보지는 않고 서방의 사회 정의 문제에 대한 진지한 의식, 그리고 중국인들을 대상으로 자행되었던 과거의 역사적 만행을 냉혹하게 그저 이용만 해왔다. 이것은 '중국'을 향한 동정을 얻기 위해, 그리고 일본의 외교 노력을 저해하기 위해 실행되었다.

서구 진영의 많은 정치가와 선의를 가진 백인 활동가들은 두 눈을 멀쩡히 뜨고도 이 덫에 걸려, 자신들은 자국에서 중국계의 자국인과 연대감을 표하기 위해 활동한다고 굳게 믿고 말았다.

공산당은 오히려 트럼프 재선을 바란다

베이징은 서구 국가 사이를 틀어놓기 위해 적극적으로 활동한다. 그래서 도널드 트럼프 대통령의 고립주의와 동맹국과의 관계 소원은 무역전쟁에도 불구하고 중국 공산당의 야망에서 다시없는 기회가 되었다.

베이징의 공산당 전략가들은 2020년 후반에 트럼프 대통령이 재선되기를 바랐을 것이며, 어쩌면 그 선거 활동을 숨어서 지지했을 것으로 추정된다. 미국 대통령도 똑같이 중국 측의 공작을 뿌리치려고 한다. 따라서 베이징 최대의 위협은 미국에서 고도의 전략적 접근법을 택하는 인물이다.

단, 이 글을 쓰는 시점에서는 시진핑의 머리를 가장 아프게 하는 것은 코로나19다.

유럽은 미국이라는 위대한 동맹국으로부터 내쳐졌다고 느끼고 있고, 이 동맹 상대를 중국으로 옮길 위기에 직면해 있다. 영국도 이미 그 방향으로 움직이고 있으며, 이것은 세계의 민주 제도와 인권에 큰 위기가 될 것이다.

우리는 대단히 큰 힘을 가진, 세계 패권국이 되려고 결심한 전제 국가와 직면해 있다.

미국이 세계에서 맡은 역할에 대해 당신이 어떠한 비판을 한다고 하더라도(그리고 그중에 대부분은 실제로 심각한 것이지만), 시진핑이 이끄는 중국은 자유를 신봉하는 사람에게 훨씬 나쁜 선택지가 될 것이 틀림없다.

2020년 2월
클라이브 해밀턴

[부록2] 클라이브 해밀턴, 「겟칸하나다」(2020년 8월호) 기고문

일본에서도 이루어지고 있는 '중국의 조용한 침공'

세계에도 큰 고통을 초래한다

이번 코로나19 문제에서도 국제사회는 중국 공산당의 불투명성 문제를 여실히 느꼈다.

바이러스 발생과 관련해 베이징의 반응에서 분명했던 점은 중국 공산당이 정보 통제를 잃는 것을 극히 두려워한다는 점이다. 이것은 중국 정부가 초동 단계에서 일반 사람에게 경종을 울리고 정보를 얻으려고 했던 의사와 과학자에게 매우 징벌적으로 접근했던 데서도 잘 알 수 있다.

베이징은 국제사회 전체를 속이려고 필사적으로 움직이고 있었기 때문에 그 결과로 전 세계는 큰 괴로움을 겪게 되었다.

필자가 중국 문제에 관심을 가진 것은 그리 오래전 일이 아니다. 2016년쯤부터 호주에 대한 중국 공산당의 개입이 두드러져, 우선 호주 국내의 중국 전문가, 특히 중국 공산당의 영향력 공작을 잘 아는 사람들로부터 여러 이야기를 들었다. 그들은 놀라울 정도로 협력적이었고, 또 자신들이 직접 취재를 통해 얻어낸 여러 가지 문헌들을 전해주었다. 이를 통해 필자는 점차 전체적인 그림을 그릴 수 있었다. 또한 추가로 중국 본토와 홍콩, 미국 등의 인사와 인터뷰를 반복했으며 최종적으로 방대한 양의 문헌들을 소화하면서 초고는 완성형에 가까워졌다.

『중국의 조용한 침공』 집필 시작

필자는 그렇게 『중국의 조용한 침공』의 집필을 시작했다. 2016년 10월의 일이다. 같은 해 여름부터 호주 신문에서 중국 공산당이 호주 정치에 영향을 미치려고 한다는 기사들이 몇 편 정도 나오기 시작했다. 이에 과거에 필자의 책을 여러 권 출간해준 출판사의 편집자에게 이 문제로 책을 출간해보는 것이 어떨지 문의하자 "대단한 아이디어이니 바로 진행하자"는 회신이 와서 본격적으로 책을 쓰기 시작했다.

연구와 집필에 2017년 내내 꼬박 1년을 들여서 초고가 완성된 후 서너 명의 전문가에게 검토를 받았다. 필자에게는 새로운 분야였으므로 전문가의 확인을 받아 틀린 점이나 누락이 없는지, 또 조사가 부족한 부분은 어디인지 파악했다.

중국인 기업가가 호주 국회의원에게 거액의 정치후원금

이 책을 쓴 또 하나의 계기가 된 스캔들이 있었다. 샘 데스티에리(Sam Dastyari) 호주 노동당 상원의원이 중국인 기업가로부터 거액의 정치후원금을 받은 사실이 발각되어 큰 소동이 벌어진 사건이다.

이 중국인 기업가는 호주에 살지만 중국 공산당과 밀접한 관계가 있었고, 그 영향력 공작의 네트워크에 휘말린 샘 데스티에리 의원은 이전부터 실로 기묘한 행동을 하기 시작했었다.

예를 들어 호주 국내의 중국어 매체 관계자를 모아 기자회견을 하면서 "호주는 남중국해 문제에 관심을 가져서는 안 된다"고 말했었다. 이것은 그야말로 베이징이 우리 호주의 입으로 말하게 만들고 싶었던 것이었다.

게다가 그의 발언은 그가 속한 호주 노동당의 방침에도 반하는 것이어서 문제가 되었다.

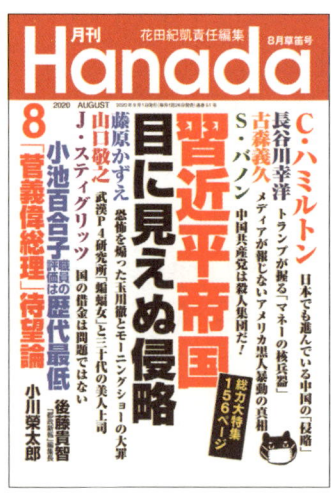

클라이브 해밀턴 교수의 기고문이 게재된 일본 「겟칸하나다」 2020년 8월호 표지. ⓒ아스카신샤(飛鳥新社)

중국의 공작원이 되어가는 호주 국회의원

불에 기름을 부은 것은, 그의 언행이 문제가 된 며칠 후, 연루됐던 중국인 기업가인 황샹모(黄向墨)의 시드니 저택으로 가서 "호주 정부가 당신을 도청하고 있을지도 모르니 조심하라"고 고언까지 해준 사실이 저널리스트의 폭로로 드러났던 사건이었다.

이것이 기사화되어 스캔들로 번졌고 샘 데스티에리 의원은 황샹모와의 관계를 정리할 수밖에 없는 상황에 놓였으며 결국에는 의원직을 사퇴하게 됐다. 상원의원인 샘 데스티에리가 완전히 외국의 공작원이 되어 그의 "보스"에게 "도청당하고 있으니 조심하라"고 조언까지 했으니 그냥 넘길 수 없는 일이다.

필자가 이러한 뉴스를 보고 특히 관심을 가졌던 것은 주로 서너 명의 중국인, 혹은 중국계 호주인이 호주의 여러 정치가에게 거액의 정치후원금을 준 사실이었다. 게다가 후원금은 진보파 노동당뿐만 아니라 라이벌인 보수파 자유당에게도 주어졌다.

이것은 도대체 무엇을 의미하는 것일까, 그리고 그들이 후원금을 통해 얻고자 하는 것은 무엇인가. 거액의 정치후원금을 대가로 특정한 정책을 요구하는 것이 아니라 그저 단지 영향력을 늘리고 싶어 하는 것으로 밖에 보이지 않았다. 그것이 필자가 '이 책을 꼭 써야겠다'고 마음먹은 직접적인 이유다.

재계에 '친구'를 만들어 공산당의 스피커가 되게 한다

『중국의 조용한 침공』을 한마디로 요약하자면 호주에 대한 중국 공산당의 영향력 공작을 체계적으로 해설한 것이라 할 수 있다. 가령 한 장을 할애하여 정치 공작에 어떠한 인물이 어느 정도로 많은 정치후원금을 했으며, 왜 노동당과 자유당은 그것을 받은 것인지, 후원자들과 중국 공산당과의 관계는 어떤지 구체적으로 밝혔다.

나아가 중국 공산당이 호주의 대학과 연구기관에 큰 영향을 행사하는 실태도 설명했다. 대학에는 중국에서 온 유학생이 많이 있으므로 중국 공산당이 싫어하는 타이완 문제와 티베트 문제, 기타 미묘한 쟁점에 관해 발언하는 학문과 언론의 자유가 침해된다는 중대한 문제가 발생한다.

또 중국 공산당이 호주의 재계에 어떤 영향을 미쳤는지도 검증했다. 그들은 우선 호주 재계에 '벗'을 만들어, 그들이 공산당의 스피커가 되게 하는 방법을 택했다.

100만 명이 넘는 중국계 이민자 공동체

이 책 전체를 통해 설명하는 것은 중국 공산당 통일전선 공작의 위험성이다. 호주에는 중국계 이민자가 많고, 100만 명이 넘는 공동체 구성원이 있는데 그중에는 이미 제3세대, 다시 말해 처음 이민 온 세대의 손자에 해당하는 세대와 그보다 더 긴 정착의 역사를 가진 중국계 가족도 있다.

문제는 요 20년 사이에 중국 본토를 떠나 이민 온 사람들이다. 물론 그들 모두라고는 말할 수 없지만, 그중에는 베이징의 중앙통일전선공작부(통전부)에 협력하는 단체를 만들거나 기존의 중국계 단체에 들어가 조직의 주도권을 탈취하는 자도 있다.

여기서 통일전선 공작에 대해서 간단히 설명해 두겠다. 이것은 베이징의 영향력을 세계로 펼치는 네트워크로, 주로 베이징의 중국 공산당 중앙통일전선공작부라는 부서가 담당한다.

그들은 해외에 사는 화교가 조직한 단체에 영향력을 행사한다. 그중의 몇 개 단체는 호주의 정계, 재계, 그리고 대학 등에 영향을 미치고자 적극적으로 활동한다. 이것은 호주뿐만이 아닌데, 주의해야 하는 것은 일본에서도 비슷한 일을 한다는 사실이다.

이러한 통일전선 공작의 전체 그림을 한눈에 그리고 있는 것이 『중국의 조용한 침공』의 큰 특징이다. 지금까지도 몇 사람의 우수한 저널리스트, 예를 들어 이 책에서도 자주 인용한 「시드니모닝헤럴드(Sidney Morning Herald)」 기자인 존 가넛(John Garnaut) 등은 베이징에서 체류한 기간도 길며 그래서 호주에서 일어나는 공작의 측면을 뛰어난 취재력으로 폭로한 바 있다. 그러나 수상한 움직임에 대해서 전체적인 그림을 그려내는 일은 필자에게 맡겨졌다.

베이징의 보복이 두려워 출판을 거절하다

이 책 출간에 이르기까지의 경위는 다시금 떠올리기에 괴로운 경험의 연속이었다. 2017년 가을에는 초고를 완성하여 전문가의 확인과 법률적 문제, 즉 쓰고 있는 내용이 명예훼손이 되지 않는지까지 검토한 시점이 10월경으로 완성 원고가 거의 나온 상태였다.

출판사는 처음부터 마지막까지 열심히 응원해주었지만, 인쇄만 남았던 11월 말, 갑자기 필자에게 전화를 걸어 "베이징으로부터 보복이 우려되는 상황으로, 그래서 당신의 책을 출판할 수 없게 됐다"고 말했다. 계약까지 거의 끝났는데 일이 이렇게 되어 황당함과 동시에 화가 치밀어올랐다.

왜냐하면 이러한 사태는 그야말로 이 책 속에서 말한 내용을 증명하는 것이기 때문이다. '언론의 자유'를 겁박하는 중대한 사태 그 자체였다.

여러분도 한번 생각해보라. 호주의 대형 출판사가 중국 공산당에 비판적인 내용의 책을 내려고 하지 않는다는 사실을 말이다. 그 이유는 중국 공산당으로부터 당할 보복이 두렵기 때문이다. '이제 호주에서는 중국 공산당에 비판적인 책은 아무도 낼 수 없게 된 것인가?'하고 필자는 생각했다.

그들이 두려워하는 것은 가령 앞서 말한 황샹모와 같은 억만장자가 법률에 호소했을 때다. 상대방은 명예훼손 재판에서 진다는 사실을 알면서도 일부러 소송을 제기해 변호사 비용 등을 출판사와 저자가 부담하게 하여, 혹시 파산까지 이르지는 않더라도 재정적으로 큰 부담을 지게 만드는 것이다. 견제하는 의미로도 대단히 효과적이다.

그 밖에도 출판사는 자사 웹사이트에 중국이 사이버 공격을 하지 않을까 겁내고 있었다. 마케팅 면에서 웹사이트는 대단히 중요하기 때문이다.

인쇄소를 중국 손아귀에 넘기다

또 출판사는 필자로서는 생각지도 못한 사실을 두려워했다. 바로 인쇄 문제다. 일본의 출판업계는 어떤지 모르겠으나, 호주의 대형 출판사는 책 인쇄를 중국 공장에 위탁한다. 싸고 질 좋은 것은 모두 중국 본토에 모여있기 때문이다. 그들은 필자의 책을 내는 일로 인해 중국 국내에서 지금까지와 같이 저렴하게 인쇄를 할 수 없게 될까봐 두려워했다.

이러한 사정으로 출판을 단념했는데, 전화를 받은 후 필자는 어떻게 해야 할지 방향이 도저히 보이지 않아 마음을 진정시키기 위해 한동안 밖에 걸으러 나가야만 했다.

산책에서 돌아와 필자는 다음 출판사를 찾기로 마음을 고쳐먹었다. 며칠 후에는 대형 출판사가 중국 공산당 비판서의 출간을 거절했다는 이야기가 뉴스에 다루어지며 필자의 상황이 국제적으로도 대대적으로 알려지게 되었다.

그것은 당연한 일이다. 왜냐하면 누가 보아도 '언론의 자유'라는 원

칙을 위협하면 그것은 한눈에 드러나기 때문이다. 기자와 작가도 언론의 자유 문제에 관해서는 민감하므로 크게 주목해주었다.

각 신문에서 다루어지고 국제적으로도 큰 뉴스가 되면서 필자는 '책이 나오기 전부터 마케팅도 끝났다. 이걸로 출판사가 물밀듯이 찾아올 것이 틀림없다'고 생각했다. 하지만 필자의 예상은 보기 좋게 빗나갔다. 현실은 완전히 반대로 흘러갔다.

호주의 다른 대형 출판사에서도 같은 문제를 우려해서 이 책의 출판이라는 문제에서 도망치려고 했던 것이다. 낙담한 필자는 대학 출판부라면 괜찮을 것이라고 생각해 멜버른대학에 연락했다. 멜버른대학은 대환영하며 바로 계약을 맺고 언제든 책을 낼 수 있는 상태로 준비를 했다. 그러나 결국 여기서도 출판을 거절당했다. 멜버른대학 출판부는 "혹시 모를 사태에 대비해 대학 이사회에 허가를 얻겠다"고 말했는데 얼마후 역시 "거부되었다"고 연락을 해왔다.

나중에 내부 사정을 들어보니 멜버른대학도 다른 호주의 대학과 마찬가지로 다수의 중국인 유학생들을 받고 있었으므로 그들이 싫어할 일은 할 수 없었던 듯 하다.

결국 신변의 위협까지 느끼게 되다

어쨌든 세 곳의 출판사에서 출판을 거부당하고 해외의 출판사로 눈을 돌리기 시작한 것이 2018년 1월쯤이다. 그때 지인이 하디 그랜트(Hardie Grant)라는 소규모 출판사를 알려주어, 전화를 해봤더니 "언론의 자유는 중요하다. 우리 출판사가 책을 내게 해달라"고 곧장 답변을 주어 기쁘게도 2018년 2월에 출판으로 넘어가게 되었다.

『중국의 조용한 침공』은 지금까지 호주 국내에서 4만 부가 팔렸다. 이 숫자는 호주에서는 베스트셀러를 의미한다. 전 세계 여러 언어로 번역되었고 중국어(번체)판은 대만의 출판사가 맡아주었다. 국제적으로도 주목받고 있음을 실감했다.

이러한 와중에 불가사의했던 일은, 2018년 이 책을 출판한 후에 일본의 언론과 대형 신문사 기자로부터 취재 요청이 쇄도한 것이다.

필자는 일본에서도 정·재계 등에 베이징의 침투나 영향력 행사가 큰 문제가 되고 있음을 직감했다. 다만 그 사실을 의식하고 있었던 것은 일본에서도 극히 일부 소수의 사람들로, 그 이외 대다수는 역시나 아무것도 알려고 하지 않는 태도였던 듯 하다.

필자에게 취재를 하러 온 일본인들은 이 책이 일본어로 번역되면 베이징의 수법이 일본에서도 쓰이고 있다는 사실이 자명해진다고 말했다. 물론 이 책에서 다루는 사례는 호주이지만, 중국 공산당은 똑같은 수법을 일본에서도 쓰고 있다는 것이다.

한편, 이 책 출판 후에 기묘한 일이 계속 일어났다. 맨 처음에 대학이나 경찰에서 주의하라고 연락받았던 사안은 사이버 보안과 관계된 사안인데, 실제로 이상한 이메일이 필자의 계정에 대량으로 쏟아지게 되었다. 또 필자의 사무실에 생면부지의 사람들이 갑자기 찾아오는 일도 생겼다. 필자가 드나드는 대학 카페에는 더욱 자주 수상한 사람이 나타나기도 했다.

호주 정부의 안보 관계자들과 만나게 됐던 것도 이 책을 발간한 영향이다. 그들은 필자 신변의 안전을 어떻게 확보해야 하는지, 또 어떠한 것에 주의해야 할지를 알려주었다.

앤-마리 브래디 교수의 자택에 도둑이 들다

이 책의 내용에 대해서도 극히 많은 사람들로부터 신랄한 의견과 비판을 받았으므로 정신적으로 불안한 시기도 있었다. 출간 초기에는 출판 행사 등도 되도록 하지 않았고, 한다고 하더라도 경호원을 많이 배치하는 등 상당히 주의를 기울였다.

뉴질랜드에서 중국 공산당을 전문으로 연구하는 앤-마리 브래디(Anne-Marie Brady)라는 학자가 있다. 필자의 책이 나오고 몇 주 후에 그녀의 자택에 도둑이 들었다. 몇 개월 전인 2017년 하반기에 그녀의 대학 연구실에 도둑이 들었다고 하는데, 결국 자택에까지 도둑이 든 것이다.

필자가 소속한 대학도 필자의 신변 안전을 심각하게 걱정하게 되면서, 이전에는 상당히 개방되어 있던 필자의 연구실도 '봉쇄 상태' 비슷하게 되었고 CCTV가 설치되어 정기적으로 경찰차까지 오게 되었다.

뉴질랜드 캔터베리 대학교의 중국학 연구자인 앤-마리 브래디 교수는 중국의 통일전선 공작 문제를 폭로한 선구자로 손꼽힌다. 앤-마리 브래디 교수의 연구는 『중국의 조용한 침공』, 『보이지 않는 붉은 손』, 『판다의 발톱, 캐나다에 침투한 중국 공산당』 등에도 널리 인용되고 있다. (앤-마리 브래디 교수 트위터 계정의 프로필 사진)

"눈을 뜨게 해주어 고맙다"

이 책 발간의 영향으로 호주 정치가 변했다고 단정할 수는 없지만, 이 책이 나온 시기부터 흐름이 변한 것은 사실이다. 호주 국민이 중국 공산당에 대해 느끼는 감정은 상당히 악화했다. 감정 악화를 넘어 분노가 폭발했다고 말해도 될 정도다.

호주인들은 결국 이 책이 밝힌 내용에 대해서 잘 알게 되어, 특히 공공의 장에서 중국 공산당에 대해 아첨하는 발언을 하는 사람들의 존재는 눈에 띄게 줄게 되었다.

예를 들어 광산업계의 유력자로서 앤드루 포레스트(Andrew Forrest)라는 호주 국내에서는 유명한 기업가가 있는데, 그가 코로나19의 대응으로 중국과 시진핑을 칭찬하는 발언을 했을 때 그에 대해서 비판하는 의견이 많이 나왔다. 또한 앤드루 포레스트가 교섭을 통해 중국으로부터 의료 관련 기구와 방호복 등을 융통하자 의심의 눈초리를 보내는 호주 사람들도 많았다.

필자의 책이 계속 팔리는 것은 감사한 일이지만, 그것 이상으로 호주 국내에서 중국 공산당에 대해 어떻게 대치해야 할는지 여론이 형성되고 있다는 사실이 기쁘다. 의견 대부분은 이 책에 순풍을 달아주는 것으로, 무엇보다도 많은 호주인이 실태를 깨달았다는 사실에 필자는 감사함을 느끼고 있다. "눈을 뜨게 해주어 고맙다"는 독자 의견도 받았다.

"인종차별주의자"라는 꼬리표

한편 맹렬한 비판도 받았다. 이 책에서 '중국의 친구'로 다루어진 사람들로부터의 혹평이었다. "베이징 밥"이라 불리는 전 외무부 장관 밥 카를 필두로 하여, 이 책에 등장한 현역 정치가와 전 유력 정치가들이 필자를 공격한 것이다. 1주일 사이에 두 명의 전 총리로부터 신문을 통해 비판적인 의견을 받은 적도 있었다.

주된 비판은 필자를 인종차별주의자로 몰아가는 것으로, "중국인을 공격한다"거나 "중국 공포증에 빠져있다"는 내용이었다. 필자는 이 책에서 명확히 '중국인'과 '중국 공산당'을 구별해서 논했는데도 말이다.

그 밖에도 악성 이메일과 트위터에서의 공격, 나아가서는 비밀번호를 훔쳐서 필자의 SNS 계정을 갈취하려고 하는 등, 괴롭힘이 많이 있었다. 실제로 이 정도로 험한 꼴을 당할 것이라고는 생각지 못했다.

비판하는 이들은 『중국의 조용한 침공』을 전혀 읽지 않았다

이전에 필자가 기후변화 문제를 다루었을 때도 협박 메일을 받은 경험이 있어 익숙하지만, 이번에 놀란 것은 필자에 대해 가장 격렬하게 공격한 사람들이 '백인' '호주인'이었다는 점이다.

정치인과 학자가 필자를 인종차별주의위원회에 회부하려는 움직임도 일어났다. 그들은 실로 지적 분별이 없는 사람들로, 필자로서는 아연실색하게 되었다. 이런 일이 대부분 호주 내의 좌파에 의해 자행되었다는 사실에 대해서도 특필해야 할는지 모른다. 필자 자신이 자유주의 좌파에 가까우므로 이것은 극히 불쾌감을 느끼게 된 대목이다.

비판을 받으며 알게 된 사실 중에 하나는, 필자에게 비판을 하고 나선 대부분의 사람들은 실제로는 필자의 책을 읽지도 않았다는 점이다.

미국 공청회에서 증언

2018년 여름, 필자는 미국연방의회 상원의 공청회(마르코 루비오 위원회)에 증인으로 나가서 호주의 상황을 증언했다.

트럼프 정권에 의해 중국 문제가 떠오르는 상황 속에서, 미국에서 필자의 책이 큰 관심을 모아 상원과 국무부, 여러 대형 싱크탱크에서 발언을 할 수 있었다.

호주는 '탄광의 카나리아'로, 작은 나라이므로 문제가 일찍 첨예해지기 쉽다는 특징이 있다. 다른 나라들, 특히 미국인들은 호주의 상황을 보고 '그들이 이러한 상황에 처했으니 지금부터 우리에게도 같은 일이 일어나겠다'고 생각할 수 있는 이점이 있는 듯하다.

앞서 언급한 존 가넛 기자는 물론이고, 이 책에서 여러 차례 인용한 호주의 중국 전문가인 존 피츠제럴드(John Fitzgerald) 교수도 같은 위원회에서 호출했다.

한편 이 책에 대한 유럽의 반응은 그리 좋지 못했는데, 솔직히 말해서 거의 반응이 없었다. 물론 독일에서 몇 번 정도 연락을 받기도 했고 북대서양조약기구(NATO) 본부에서 발언하는 등 꿈에도 생각지 못한 기회를 얻기도 했다. 하지만 그럼에도 불구하고 2018년 시점에서는 유럽 전체의 상황은 그다지 변하지 않았고 중국 공산당의 영향력 공작에 관심이 희박한 상황이다.

이 책에 대해서 가장 열렬한 관심을 보여준 곳은 대만으로, 다음이 일본, 미국, 그리고 캐나다였다.

캐나다는 두 번 방문했는데, 몇 번 정도 강연도 했다. 캐나다에도 중국계 이민자가 많고 그들 중에도 베이징의 영향력을 우려하는 사람들이 있었기 때문이다. 실제로 캐나다에서도 우리와 비슷한 일이 일어났는데, 자각한 것은 그래도 호주가 빨랐다고 생각한다.

머라이커 올버그 박사의 프로필 사진. 클라이브 해밀턴 교수는 중국 공산당의 세계 패권 전략 문제를 다룬 책 『보이지 않는 붉은 손』을 독일의 중국 전문가 머라이커 올버그 박사와 같이 썼다.

후속작 『보이지 않는 붉은 손』의 충격

『중국의 조용한 침공』의 후속작인 『보이지 않는 붉은 손』(독일의 중국 전문가인 머라이커 올버그와 공저)이 호주에서 2020년 6월 중순에 출간된다. 이 후속작을 쓰면서 깨달은 것은 중국 공산당에 의해 영향력을 발휘하기 위해 실행되는 계획의 청사진은 세계 각국 모두 공통되어 있다는 사실이었다.

특히 흥미로운 대목은 중국 공산당이 마오쩌둥의 "농촌에서 도시를 포위한다"라는 전략을 어디서나 사용한다는 점이다.

실제 사례를 들어 살펴보자. 호주의 수도 캔버라는 연방정부의 본거지로 이곳의 대중국 태도는 최근 몇 년 사이에 극적으로 변했다. 경제에서 안보로 방향이 전환되어 외국, 특히 베이징으로부터의 개입에 대한 경계심이 높아졌다. 이전에는 무역과 투자를 중국으로부터 얼마나 이끌어낼 수 있을지 이야기했지만, 지금은 조심스러운 자세로 바뀌어 호주의 주권과 규제라는 표현이 많이 들리게 되었다.

그러자 베이징은 전략을 바꾸었다. 호주의 주 정부와 각 도시 등, 지방자치단체와의 관계 강화에 나선 것이다. 자매도시는 호주와 중국의 도시 사이에 많이 체결되어 있다. 이 관계를 가지고 영향을 미치는 방향으로 전략을 전환한 것이다.

호주의 시골 지역과 우선 관계를 강화하고 나서 중심부인 도시를 공략한다. 이것은 바로 중국 공산당이 국민당에 의해 도시 지역에서 쫓겨난 후, 지방에서 조직을 재편하여 다시 공격한 역사적 실제 사례를 바탕으로 한 전략이다. 이것을 외국에 대한 영향력 공작, 즉 통일전선 공작에서 도 사용한다.

가령 미국이라면 연방정부의 트럼프 대통령이나 그 정권과는 관계가 악화됐으므로 각 주의 정부와 관계를 개선하는 움직임이 보인다. 대도시의 시장이나 주 지사에 대한 공작이 활발해진다.

실제로 미·중 무역 분쟁이 한창이던 때에 워싱턴DC의 연방정부·트럼프 정권에 대해 지방의 주 정부들이 저항하여 반기를 든 모습이 자주 보인 것은 이 때문이다. 그 모두가 중국 공산당이 자행한 일이라고는 딱 잘라 말할 수 없지만, 그 원인 중 일부는 그들의 공작에 의한 것도 있다. 독일에서도, 호주에서도 마찬가지다.

세계 금융가에 무시무시한 공작

또 하나 흥미로운 움직임은 영국이다. 후속작을 위한 조사를 시작했을 때, 베를린에 사는 머라이커 올버그(Mareike Ohlberg)가 영국을 조사하기 시작했는데, 영국 쪽에서는 중국 공산당에 의한 공작 증거가 아무것도 발견되지 않았다고 보고한 적이 있다. 그래서 머라이커 올버그는 영국 쪽에 "실제로는 무시무시하게 활발한 활동이 이루어지고 있으니 계속 조사하라"고 다그치기까지 해야 했다. 우리는 하는 수 없이 중국어 문헌을 읽을 수 있는 조수를 고용해 자료를 계속 찾아야 했는데, 결국 영국에서도 대단히 심각한 공작이 이루어지고 있음이 판명되었다.

그 유명한 첩보 대국인 영국에 대해 있을 수 없는 일이라고 생각하겠지만, 실제로는 말도 안 되는 영향력 공작이 성공을 거둔 것이다. 중국 공산당은 영국의 엘리트 집단과 밀접한 관계를 구축해 권력의 원천인 런던의 금융가 '시티오브런던(City of London)'에서도 많은 공작을 시도했다. 그 이외에도 미국의 월가나 독일의 프랑크푸르트 등 금융 관련 영향력 공작과 '친구' 얻기에 극히 공을 들였음을 알 수 있었다.

후속작에서는 이러한 새로운 사실을 자세히 설명했다. 실로 충격적인 내용이다. 일본의 독자 여러분도 부디 흥미롭게 읽어주길 바란다.

2020년 8월
클라이브 해밀턴

[부록3] 「보이지 않는 붉은 손」 일본어판 서문

일본은 민주주의의 수호자 역할을 맡아야 한다

일본의 대학이 중국과의 관계에서 특히 허술하다

대부분의 일본인, 특히 정·재계의 엘리트들에게 중국 공산당의 일본 사회 침투는 그다지 관심을 끄는 일이 아닐지 모른다. 그들이 일본 민주주의에 대한 위협에 그다지 관심을 가지지 않는 것도 어쩌면 그렇게 놀랄 일이 아닐지 모른다.

왜냐하면 중국 공산당은 오랜 세월에 걸쳐 실로 이러한 엘리트들을 표적으로 하여 영향력 공작을 일삼아왔기 때문이다. 이러한 영향력 공작이 백일하에 드러나 공공의 장에서 쟁점이 되기까지는 이를 막기 위한 일은 거의 아무것도 이루어지지 않을 것이다.

그 책임은 자신들도 역시 중국 공산당에 의한 영향력 활동의 표적이 된 일본의 언론에 있다. 그렇다면 과연 일본에서도 이 책과 같이 중국의 영향력 공작 활동의 확대를 폭로하는 책이 적절한 자질을 갖춘 학자에 의해 쓰이게 될까?

우리는 부디 그렇게 되기를 바란다. 하지만, 우리는 동시에 중국 정부가 일본 대학에서도 역시 영향력을 넓히고 있다는 사실을 잘 알고 있다.

바로 최근의 일인데, 내각관방장관인 가토 가즈노부(加藤勝信)는 일본의 대학이 지식재산의 절도에 중요한 표적이 되었다고 경고한 바 있다. 군사 관련 기술은 높은 가치를 갖고 있는 표적이지만, 일본에서는 농가가 개발한 과일의 교잡종마저 중국의 농업 연구자에게 도둑맞고 있는 게 현실이다.

이러한 절도는 일·중 대학 간의 많은 협정과 교류 사업에 의해서도 촉진되고 있다.

호주와 마찬가지로 일본의 대학도 중국과의 관계에서 유난히 허술하다. 미국은 중국에 의한 군사 관련 기술의 유출을 엄히 단속하고 있으므로 일본과 호주와 같은 동맹국은 미국이 군사 협력에 대해 엄격한 통제를 요구할 가능성이 있다고 생각하는 편이 좋다.

공자학원은 중국 정부의 통일전선 공작에서 중요한 추진 기관의 하나다. 공자학원에 대해서는 간첩 공작에 관여한다는 혐의도 제기되고 있다. 미국과 캐나다, 호주, 유럽 각국은 공자학원을 폐쇄하고 있지만 일본은 여전히 이를 환영하고 있다. 이것은 위험하다.

중국의 국민(기업인, 학생, 학자, 예술가인지와 관계없이)이 해외에 나갈 때는 중국 공산당으로부터 요청받는 일이 있으면 반드시 협력해야 하는데, 지금은 그것이 중국 공산당의 정책이다. 이러한 의무는 중국 법률에도 나와 있다.

시진핑 총서기는 지금까지 몇 번이나 중국 국민에 의한 통일전선 공작에 관여를 기대하고 있다고 강조해 왔다. 이 공작이란 중국 정부가 바라는 관점에서 중국 정부의 이익이 되는 행동을 해주는 '친구'들과 손을 잡는 일이다.

화교라는 존재는 중국 공산당에 있어선 어디에 살고 있든 어느 국적이든 더할 나위 없는 충성심을 조국에 바쳐야 하는 중국의 아들딸이다. 물론 그들 중에는 심한 압박을 받는 사람도 있고, 당과 거리를 두려는 사람도 있다.

도널드 트럼프의 정치에 반감을 갖고 또 도널드 트럼프의 행동에 거부감을 느끼는 많은 서구 진영의 사람들도 적어도 도널드 트럼프가 중국의 커지는 영향력(비밀스럽고 강압적이며 부패한 수단에 의한 것)에 저항한 최초의 미국 대통령이라는 사실에 대해서는 환영하고 있다.

일본은 바이든 정권에 '대항하라'는 신호를 보내야 한다

그러나 여기서 가장 중요한 문제는 바이든 대통령이 미국의 저항을 이어나갈지 말지, 이어나간다면 어떠한 형태로 저항할지다.

물론 민주당에서는 중국에 대한 저항을 계속해나가는 일을 강하게 지지하며, 미국 국민도 이를 폭넓게 지지한다. 최대의 차이는 동맹국을 소홀히 한 전임자와 달리 바이든 대통령이 동맹국을 단결시키려고 한다는 점이다.

그러나 문제는 미국의 차기 정권에 이전 정권과는 다르게 중국과의 관계 '리셋'을 요구하는 압력도 상당히 크다는 점이다. 따라서 일본과 유럽 국가와 같은 미국 동맹국들은 "바이든 정권과 협력하여 중국의 증대되는 영향력에 대항하기를 바란다"는 강력한 신호를 보내야 한다.

민주주의 국가들이 중국 정부의 움직임과 협박, 공갈에 단결해 맞서나간다면 시진핑 총서기는 상당히 골머리를 앓게 될 것이다. 시진핑 총서기는 너무나 장기에 걸쳐 분할통치(Divide and Conquer)를 실행할 수 있는 입장에 있었다. 그리고 순종적인 나라에는 좋은 조건의 거래를 제공했고, 그 이외의 그렇지 않은 나라는 골라서 징벌해왔다.

2017년 이래, 호주는 주권과 민주주의를 중국 공산당의 간섭으로부터 지킬 대책을 취했다. 중국 정부가 호주에 내렸던 최근의 징벌은 다른 나라에 호주처럼 저항하지 마라는 강력한 메시지를 보내기 위함이다.

우리가 세계를 재편성하려는 중국 공산당의 목표 달성을 저지하고자 한다면, 자국은 중국으로부터 공격을 당하지 않고 있으므로 다행이라고 안도의 한숨을 내쉴 것이 아니다. 호주와 연대해 중국 공산당의 협박에 대항하기 위한 동맹을 형성해야 할 것이다.

『보이지 않는 붉은 손(見えない手)』 일본어판 표지. ⓒ 아스카신샤(飛鳥新社)

공산당 정권인 중국과의 싸움은 이념을 둘러싼 싸움

코로나19의 세계적 대유행은 전략 면에서 큰 불확실성을 발생시켰다. 분명 중국 정부는 대유행의 첫 몇 주간은 심각한 후퇴를 겪었지만, 그 후 몇 개국에 대해서는 이전보다 더 큰 영향력을 얻게 되었다.

그것은 바로 '마스크 외교'라든지, 코로나19에 대한 독재적이지만 효과적인 중국 정부의 대처와 비교하여 미국 정부는 비참한 대응밖에 하지 못한 사실을 강조하는 것이다. 단 중국 정부의 코로나19 은폐와 대체로 자극적인 '전랑외교'는 세계가 중국을 바라보는 시선을 단숨에 부정적인 쪽으로 바꾸었다.

다음 단계는 '백신 외교'로 넘어갈 것이다.

서구 국가의 연구소가 최고의 백신을 개발하고 사람들에게 신속히 접종할 수 있게 한다면 바이든 정권은 유럽의 동맹국과 함께 민주주의에 의문을 가진 사람들을 다시 매료시킬 수 있는 더없는 기회를 얻게 된다. 중국은 정부에 의한 강력한 개입으로만 팬데믹을 억제할 수 있었는지도 모른다.

그러나 민주주의의 서구 국가에 의한 기술상 우위성이 중국이 세계를 뒤흔든 재앙을 해결할 수도 있다. 이러한 기회를 살릴 수 있을지 없을지는 서구 국가의 정부가 한정된 백신을 얼마나 관용적으로, 또는 이기적으로 세계에 공급할 수 있는가에 달렸다.

이 상황은 우리가 이 책 『보이지 않는 붉은 손』에서 주장한 것을 강조한다. 그것은 다시 말해 공산당 정권인 중국과의 싸움은 무엇보다도 이념을 둘러싼 싸움이라는 점이다.

　세계는 지금 이데올로기 투쟁에 휘말려 있다. 한쪽은 강대한 경제력을 가진 일당독재 국가이고, 다른 한쪽은 스스로 자유를 당연한 것으로 여겨온 민주주의 국가의 약한 동맹이다.

　일본은 아시아 태평양 지역에서 가장 강력한 민주주의 국가다. 우리는 일본이 이 지역에서 가장 활동적이고 강력한 민주주의의 수호자 역할을 맡아주기를 세계가 원한다고 생각한다.

2020년 12월
클라이브 해밀턴
머라이커 올버그

[부록4] 오쿠야마 마사시의 클라이브 해밀턴 인터뷰, 2021년 8월호 「보이스(VOICE)」 게재

[총력특집] 중국이라는 큰 난제, 베이징의 '침투 공작'에 맞서라

세계를 석권하는 중국 공산당의 '침투 공작'. 2017년, 한 정치가가 매수된 사실이 밝혀지는 등, 중국 공산당이 노린 것은 바로 오스트레일리아였다. 베스트셀러인 『중국의 조용한 침공』에서 그 경위를 자세히 소개하고 세계를 향해 경종을 울린 클라이브 해밀턴 교수가 말하는 '민주 제도를 지키는 법'.

> **인터뷰이** : 클라이브 해밀턴(Clive Hamilton). 호주 찰스스터트대학 교수. 호주의 작가이자 평론가. 2018년에 간행된 『중국의 조용한 침공』이 세계적으로 화제가 되어 일본에서도 2020년에 번역 출간되자 6만 부를 돌파하는 베스트셀러에 올랐다. 제2탄인 『보이지 않는 붉은 손』 외에 『성장숭배(Growth Fetish)』, 『저항적 소수파에 대한 억압(Silencing Dissent)』 그리고 『우리는 무엇을 원하는가: 호주 시위의 역사(What Do We Want?: The Story of Protest in Australia)』 등 여러 저서들을 집필했다. 직접 창립한 호주연구소(The Australia Institute)의 소장을 14년간 지냈던 바 있다. 현재는 호주 캔버라에 위치한 찰스스터트대학(Charles Sturt University)에

서 공공윤리학부 교수를 맡고 있다.

취재·구성 : 오쿠야마 마사시(奧山眞司, 국제지정학연구소 상석연구원)

인터뷰이로 답변을 한 클라이브 해밀턴(Clive Hamilton, 左)과 인터뷰어로 질의를 한 오쿠야마 마사시(奧山眞司, 右)

팬데믹으로 엄중한 국면에 놓인 중국 공산당

[오쿠야마 마사시]

코로나19의 감염이 폭발적으로 증가한 이후 중국의 방식과 행동에 대해 어떻게 보고 계십니까?

[클라이브 해밀턴]

　중국 공산당은 코로나19 발생 당시에는 극히 엄중한 상황에 처해 있었습니다. 전 세계로부터 비판이 밀려들었기 때문입니다. 중국 공산당은 감염 상황을 곧바로 세계 각국에 전하지 않았을 뿐만 아니라, 발생 장소와 확산에 대한 정보도 숨겼습니다.

　비판을 받게 된 중국은 점점 태도를 강경하게 바꾸어 나갔습니다. 평소보다도 과대망상을 갖고서 강경하게 굴었다고 말할 수 있습니다. 중국과 같이 거대하고, 불안을 안고 있는 나라는 종종 공격적으로 변하기 쉬운 법입니다.

　중국 공산당은 현재 이번 팬데믹을 자신들의 정치적 우위성과 영향력 확대로 연결하려고 분주하게 움직이고 있습니다. 그러나 제가 보기에 그 시도는 성공하지 못했습니다. 예를 들어 '백신 외교'로 높은 평가를 받으려고 개발도상국에 적극적으로 백신 공급을 타진하지만, 중국으로부터 백신을 받은 나라들조차 냉소적인 태도를 취합니다. 백신을 이용하여 정치적 영향력을 강화하려고 하는 베이징(중국 공산당)의 생각이 훤히 보이기 때문일 것입니다.

　다시 말해 코로나19가 중국 공산당에 엄중한 상황을 만들어냈다는 사실은 자명하며, 이것을 기화로 삼아 자신들의 평가를 높이려는 중국 공산당의 움직임은 역효과만 낳고 있습니다.

[오쿠야마 마사시]

　클라이브 해밀턴 교수님께서 살고 계신 호주와 중국의 관계성은 어떠합니까? 이전에 다른 취재에서 들었을 때는 그 관계는 "최악"이라고 표현하셨습니다.

[클라이브 해밀턴]

베이징과 캔버라의 관계는 전혀 개선되지 않았습니다. 유감스럽게도 베이징과 그 산하에 있는 조직이 호주와 호주인에게 보내는 비난이 여전히 이어지고 있습니다.

왜 중국 공산당은 호주를 눈엣가시로 여길까요. 그것은 역시 코로나19의 기원에 대해 조사해야 한다고 처음부터 목소리를 높이고 세계 각국에 동참을 촉구했기 때문일 것입니다. 저는 호주 정부의 발언을 합리적이라고 평가하는 한 사람인데, 베이징은 이에 격노했습니다.

실은 팬데믹 이전부터 베이징과 캔버라의 사이에는 차가운 바람이 불고 있었습니다. 그렇게 된 계기는 2017년, 베이징에서 온 공작원으로 추정되는 중국계 기업가가 호주의 정치가를 차례로 매수한 사실이 밝혀진 데 있습니다. 그 일부 내용은 일본에서도 베스트셀러에 오른 저의 저서 『중국의 조용한 침공』에서도 자세히 설명했습니다.

이러한 경위로 인해서 호주는 중국의 '침투'를 두려워하는 세계 각국에 대해 어떻게 공산당과 맞서야 하는지 '모델'이 되고 있습니다.

뉴질랜드도 '눈을 뜨다'

[오쿠야마 마사시]

호주와 뉴질랜드의 관계성은 어떻습니까? 뉴질랜드가 중국과의 자유무역협정을 갱신했을 때, 호주에 "중국과 다투지 마라"는 메시지를 던져 양국 관계가 현저히 악화되었다고 보도된 바 있습니다.

[클라이브 해밀턴]

그 후 어느 정도는 관계가 개선되었습니다. 우선 말씀드리고 싶은 것은, 호주와 뉴질랜드의 공통점으로 정치와 재계 엘리트가 오랜 세월에 걸쳐 중국으로부터 개입과 공작을 당했었다는 점을 꼽을 수 있습니다. 그러나 호주 정부는 국민으로부터 큰 지지를 받았기 때문에 정부가 "중국에 저항하여 민주주의를 지키겠다"고 선언하며 일치단결할 수 있었습니다. 한편, 뉴질랜드는 그렇게 되지 않는 사정이 있습니다. 중국 공산당은 뉴질랜드에 대한 공작으로 대대적인 성공을 거두고, 이미 정·재계와 대학에 영향을 강화하고 있었으므로 '각성한' 호주만큼 위기감을 갖기는 어렵습니다.

이러한 배경으로 인해 뉴질랜드의 엘리트는 필연적으로 베이징에 융화되는 견해나 입장을 취하는 경우가 많습니다. 문제는 그 결과, 뉴질랜드와 다른 파이브아이즈(미국, 영국, 캐나다, 호주, 뉴질랜드) 국가 간에 미묘한 거리가 생겼다는 점입니다. 역사적으로도 참으로 가까운 관계에 있는 5개국 사이에 긴장감이 돌게 되었습니다. 이것은 세계 정치에 던지는 하나의 교훈입니다. 즉 뉴질랜드 측에서 보면 만일 이대로 자신들이 중국 측에 서게 되면 파이브아이즈 그 자체를 파괴하고 만다는 사실을 알았을 것입니다. 그리고 중국의 목적은 바로 이러한 '분단'이라고 세계는 실감했습니다. 실제로 중국 공산당은 뉴질랜드가 중국 편에 섰을 때 즉각 "독립적 자세"라며 찬사를 보냈습니다.

하지만 그렇다고 해서 저는 현재와 같은 상태가 계속 이어질 것이라고는 생각하지 않습니다. 즉 뉴질랜드도 언젠가 중국 공산당의 영향으로부터 '각성'할 것입니다.

호주 현지에서 클라이브 해밀턴 교수를 인터뷰하고 있는 오쿠야마 마사시 박사. 오쿠야마 마사시 박사는 각종 연구와 저술작업과 강연 등을 통해 현실주의 국제정치학을 설파하고 있다. 오쿠야마 마사시 박사 홈페이지(http://www.realist.jp).ⓒ KAZUYA

중국에 차가운 눈길을 보내는 호주 언론

[오쿠야마 마사시]

질문을 바꿔보겠습니다. 애초 중국 공산당의 야망과 목적은 무엇이었다고 보십니까?

[클라이브 해밀턴]

시진핑 정권하의 중국 공산당은 인도 태평양지역, 특히 동남아시아에서 남쪽으로 내려가 호주에 이르는 지역에서 지배적 존재가 되기를 목표로 합니다. 그리고 그것을 동북아시아 지역에서도 실현하려고 합니다. 따라서 지금 미국과 격렬하게 맞붙고 있습니다. 나아가 장기적, 즉 10년에서 15년 정도의 기간에 걸쳐서 세계적인 패권국을 목표로 한다고 말해도 과언이 아닙니다.

20세기 후반은 경제적인 면에서나 군사적인 면에서나 기술적인 면에서나 '미국의 세기'였습니다. 세계 각국도 분명히 미국의 동향과 지침에 주목했습니다. 그러나 앞으로 만일 중국이 이와 같은 지배적인 국가가 된다면 많은 나라가 20세기에 미국을 대했던 태도와 마찬가지로, 다시 말하자면 베이징의 정책을 주목하고 이에 반하지 않도록 자국의 정책을 조정하는 바람직하지 못한 미래가 찾아올는지도 모릅니다.

[오쿠야마 마사시]
호주의 언론은 이러한 중국의 침투 공작을 어떻게 보도하고 있습니까?

[클라이브 해밀턴]
전반적으로 말하자면 호주의 언론은 베이징에 엄중한 자세를 계속 취하고 있습니다. 정치나 비즈니스가 아니라 대학과 현지 중국계 커뮤니티를 향한 침투 공작에 대해 날카롭게 보도하는 점은 높이 평가할 수 있을 것입니다. 대형 언론 매체는 중국 공산당의 공작을 폭로하고자 진지한 자세로 취재하고 있으며, 게다가 그 보도가 신문 등의 매출로도 이어지는 '좋은 순환'이 생겨났습니다.

그러나 물론 예외도 있습니다. '채널7'이라는 언론사는 방송국뿐만 아니라 호주 서부의 신문사 등도 소유하고 있는데, 사주인 케리 스톡스(Kerry Stokes)라는 광산계 기업인은 시진핑의 '개인적인 친구'입니다. 이 회사가 발행하는 신문은 이 시기에 이르러서도 황당할 정도로 중국 공산당에 아부하는 보도를 이어가고 있습니다. 반중국 자세를 취하는 호주 정부에는 엄격한 잣대로 논진을 펼치는 동시에 베이징의 프로파간다를 게재합니다.

케리 스톡스가 농락당하듯이 호주 서부는 전반적으로 아직 중국 공산당의 위협에 둔감합니다. 분명 '채널7'은 대형 매체 중에서도 예외적 존재로, 소규모 매체 중에는 친중국파인 뉴스 사이트도 존재하지만 사회적 임팩트는 없습니다. 그러나 그들은 호주 정부와 공안 기관, 또 우리같은 사람들이 베이징에 저항하는 의견을 내면 넌센스 같은 반론을 펼칩니다. 호주에 악영향을 미치는 것은 우리가 아닌 베이징인데도 말입니다.

저는 "베이징이 무슨 짓을 하고 있는지 이해했기 때문에 이에 저항하고자 한다"는 극히 당연한 의견을 빈번히 주장하고 있을 뿐입니다. 공은 베이징 쪽의 코트에 있다는 의미인데, 저와 비슷한 발언을 하는 사람들이 "인종차별주의자들이다. 국방 관계자들은 전쟁광이다" 등의 온갖 종류의 날조에 의한 공격을 당하고 있습니다. 그런 날조를 하는 사람들은 안타깝게도 "세계에 악영향을 미치는 독재국가가 대두하고 있다"는 국제정치 동향이나 이러한 문맥 속에서 베이징이 호주에 침투 공작을 하고 있다는 엄연한 사실은 인식하지 못하고 있습니다.

[오쿠야마 마사시]

그렇지만 많은 호주 언론이 그 사실을 언급하고 있다니 훌륭하네요.

[클라이브 해밀턴]

그렇습니다. 그들은 틀림없이 좋은 일을 하고 있습니다. 지금은 대형 언론사까지도 베이징이 하는 공작의 실태와 호주 사회에 미치는 리스크에 대해 차가운 시선을 보내고 있기 때문입니다. 호주 정부에 대해 민주 제도를 견고히 뒷받침하며 외국으로부터의 개입을 저지하도록 요구하는 언론사가 호주에는 있습니다.

좌파 내에 존재하는 친중국 세력

[오쿠야마 마사시]
　현재도 호주의 야당인 노동당은 집권 여당인 자유당에 대해 베이징 비판을 그만두라고 진언하고 있습니까? 만일 그러한 야당의 정권 비판이 있다면 결과적으로 중국의 국익과 이어지는 것이 아닙니까?

[클라이브 해밀턴]
　참으로 답하기가 쉽지 않은 질문입니다. 호주 노동당은 대외 정책, 방위 정책, 또 첩보 관련 문제에 대해서는 전통적으로 초당파의 자세를 보였습니다. 호주의 '잠재적인 적'을 앞에 두고 국내를 분단시키고 싶지 않다는 생각이 작용했습니다. 때문에 현재 호주 노동당은 베이징에 융화적인 태도는 취하지 않습니다. "공산당이 지배하는 국가에 대해 확실하게 저항하지 않는다", "호주를 위험에 노출시킨다"는 비판이 자신들을 향한다면 그대로 유권자의 표도 잃기 때문입니다.
　그러나 중국 공산당의 위협에 대해 호주 노동당의 경계심과 이해가 부족한 것은 사실입니다. 물론 그들은 여당인 호주 자유당이 제출한 중국 공산당에 대한 엄격한 법안에 어느 정도 찬성합니다. 하지만 당

내에는 이것을 불쾌하게 생각하는 세력도 상당히 많습니다. 중국 공산당에 대한 엄격한 법안에 찬성하면서도 현재의 스콧 모리슨 정권에 대해서는 "너무 매파(강경파)다"라는 식으로 비판합니다.

스콧 모리슨 정권은 2022년 봄에 총선거를 맞이합니다. 이때 만일 여당이 패하고 노동당 정권이 탄생하면 대중국 자세의 기본적인 부분은 변하지 않더라도 베이징에 상당히 융화적인 자세를 취하게 될 것입니다. 이것은 지극히 우려해야 할 미래입니다.

사실 저는 좌파입니다. 더 솔직하게 말씀드리자면 지금 노동당보다도 더 왼쪽(녹색당)에 있는 사람입니다. 그렇지만 노동당 정권에 우려를 느끼지 않을 수 없습니다. 물론 노동당 내부에서도 의견은 나뉩니다. 그것은 자유당도 마찬가지로 모두 당 내부가 좌파와 우파로 갈리는데, 노동당의 좌파 중에는 매우 친중파인 세력이 있습니다. 현시점에서는 소수파지만 만일 여당이 된다면 이 세력이 어떻게 움직일지 알 수 없습니다.

높이 평가할 만한 바이든의 대중국 정책

[오쿠야마 마사시]
출범한 지 얼마 되지 않은 미국 바이든 정권에 대해서는 어떻게 보고 있습니까? 적절한 대중국 정책을 취하고 있다고 평가하십니까?

[클라이브 해밀턴]
새로운 정권이 탄생하고 반년 가까이 지났는데, 대중국 정책의 엄

격함은 나날이 분명해지고 있습니다. 작년 가을의 대통령 선거 전에는 호주에서도 "바이든 정권이 되면 중국에 대한 자세는 상당히 융화적으로 변해, 미국이 이끄는 자유 사회에 위협이 될 것이다"라고 말하는 엘리트들이 있었습니다. 그러나 트럼프 정권 시절에 시작된 베이징을 향한 '반격' 정책은 바이든 정권 들어서도 계속되고 있습니다. 오히려 트럼프 정권 때보다 효과적이라고도 말할 수 있습니다.

트럼프 정권을 돌이켜보면 트럼프는 온갖 일에 손을 댔습니다. 또 갑자기 경제 제재를 결정하는 등의 예측 불가능한 움직임이 전 세계에 불안의 씨앗을 뿌렸습니다. 바이든 정권이 들어서고부터는 미국 정부의 움직임은 전략적이고 신중해졌으며, 또 동맹국의 협력을 촉구하여 끌어들이는 스타일로 변했습니다. 트럼프의 심기를 건드리지 않도록 긴장하며 미국을 대해온 동맹국에는 분명 낭보입니다.

트럼프는 확실히 중국에 냉엄하게 대응하긴 했습니다. 하지만 동시에 서구 국가와 동맹국들과의 관계도 악화시켰습니다. 베이징 측에서 트럼프의 폭주는 '신이 보낸 선물'이라고 느껴졌을 것입니다. 새로운 바이든 정권은 민주 국가는 물론, 민주 국가에 속하지 않는 나라에서도 중국을 두려운 나라로 인식토록 하려고 애씁니다. 이것은 즉 완만한 '대중국 동맹'의 협력 관계를 구축하는 움직임으로, 매우 바람직한 대처라고 말할 수 있습니다.

[오쿠야마 마사시]
일본을 포함한 민주 국가들이 베이징으로부터의 공작에 어떻게 대응해야 한다고 보십니까? 최근에는 팬데믹의 영향도 있어, 민주 제도

라는 것은 강경한 수법을 취할 수 있는 독재보다 위기에 약한 제도가 아닌지, 독재적 방식이 더 효과적이지 않은지 우려의 목소리가 높아지고 있습니다.

[클라이브 해밀턴]
　우리는 독재 제도의 침투로부터 민주 제도를 지켜내야 합니다. 이것 자체는 자명한 사실이며, 예를 들어 누군가가 중국의 방식을 보고 "독재주의가 더 낫네"하고 말한다고 해서 사람들의 지지를 얻을 수 있을까요? 실제로 호주와 일본 같은 독재적이지 않은 나라에서도 국민으로부터 일정한 지지를 얻으며 중국과 같거나 그 이상으로 코로나19 대응에서 잘 대처하고 있지 않습니까? 우리는 그런 사실에 더욱 자신감을 가져야 합니다.

클라이브 해밀턴 교수는 이번 인터뷰를 통해 "호주가 중국의 '침투'를 두려워하는 세계 각국에 있어 어떻게 공산당과 맞서야 하는지 '모델'이 되고 있다"고 밝혔다. ⓒChina Uncensored

민주주의 국가는 프로파간다와 어떻게 싸워야 하는가

[오쿠야마 마사시]
바이든은 '민주제도 vs. 전제주의'라는 표현도 썼는데요.

[클라이브 해밀턴]
그의 대중국 정책은 평가할 만하지만, 테마 설정은 다소 아쉬움이 있습니다. 우리가 생각해야 할 것은 어디까지나 '민주 제도는 코로나19와 같은 바이러스의 감염 확대에 대해 어떻게 효과적으로 대처할 수 있는가'라는 점입니다. 민주 국가에서 적절하게 대응하는 나라도 있는가 하면 트럼프 정권하의 미국처럼 '대재난'을 초래한 나라도 있습니다. 물론 미국은 바이든 정권으로 바뀌고 상당히 개선은 되었지만요.

한편 중국은 어떤가 하면 팬데믹 이전보다 풍부한 재원을 이용해 '담론통제'라는 계획을 실행 중입니다. 다시 말해 모든 수단을 동원해 세계의 '여론'에 대해 중국에 유리한 내러티브(서사)를 선전하려고 합니다. 중국 공산당의 시도가 성공을 거둔 나라도 있지만, 현실에서 중국은 싸움에 계속 지고 있습니다. 최근 수년간 전 세계가 전체적으로 중국에 대해서 호감도가 낮아진 것은 신뢰할 만한 데이터가 뒷받침하는 사실입니다.

중국이 얼마나 강력한 계획을 실행하든, 이미 위구르 문제 등을 숨기기란 불가능하며, '담론통제'를 성공시키기란 극히 어렵습니다. 현실과는 다른 메시지를 아무리 열심히 설파한들 역시 실제로 일어나는 일과 정반대를 계속 말할 수는 없습니다. 제어하는 데도 한계가 있는 법입니다. 거짓말은 확실히 위력이 있고 효과적입니다. 그러나 장기에 걸쳐 현실과 싸울 수 있는가 하면 그렇지 않습니다.

[오쿠야마 마사시]

그렇다면 독재국가의 프로파간다 공격에 대해서도 민주 국가는 어떻게 싸우면 좋겠습니까?

[클라이브 해밀턴]

그 질문에 대해서는 최근 국제정치의 세계에서 두드러진 두 가지 교훈을 참고로 할 수 있습니다. 하나는 '대중(大衆) 의식의 향상'입니다. 중국 공산당의 위협에 대해서는 호주와 미국, 이어서 영국과 스웨덴, 독일과 프랑스, 그리고 지금은 캐나다에서도 인식하고 있습니다. 이때 중요한 것은 국민이 이러한 정보를 얻어야 한다는 것입니다.

중국 공산당의 위협이 일반 국민 사이에서도 인식되기 시작하면 다음에는 실제 행동으로 이어나갈 수 있습니다. 다시 말해 민주 제도를 지키기 위한 새로운 법률을 제정하여 재빠르게 시행하는 것입니다. 예를 들어 대학 등에 학문의 자유를 간섭하는 행위를 막기 위해 실효적 움직임을 빼놓을 수 없습니다.

호주를 예로 들자면 지금까지 '외세 개입 방지법' 등을 제정했습니다. 그런데도 저는 민주주의를 지키기 위해서는 아직 멀었다고 느낍니다. 호주 국내의 중국어 언론은 공산당계 조직과 통일전선공작부(통전부)의 관련 단체에 매수당해, 아직 이러한 현상을 뒤집지 못했기 때문입니다.

이렇듯 '모델'이라 할 수 있는 호주조차 해야 할 일은 산더미처럼 쌓여있습니다. 우리도 중국 공산당에 대항책을 한창 배우는 중입니다.

중국 공산당과의 부당한 관계를 좌시하지 마라

[오쿠야마 마사시]
중국 공산당에 있어서 민주주의와 민주적 아이디어란 무너뜨려야 할 '적'입니까?

[클라이브 해밀턴]
중국 국민 대부분에게는 사실 민주 제도가 '적'이 아닙니다. 오히려 중국 국민의 자유를 보장해준다는 의미에서 '아군'입니다. 그러나 중국 공산당은 민주적 사고방식과 원칙, 나아가 인권 등을 명확히 배제하는 자세를 취합니다. 그리고 그것을 억압하는 행동을 합니다.

덧붙여 정말 골치 아픈 문제는 중국 공산당은 다른 나라에서 침투 공작을 하거나 정치적 영향력을 미칠 때 다름 아닌 민주적 가치관과 제도를 교묘하게 이용한다는 데 있습니다. 이렇게 해서 타국의 주권을 침해하거나 약하게 만듭니다. 이 사실에 대해서는 민주 국가는 진지하게 경계와 감시, 그리고 이해와 저항, 반발을 해야 합니다.

[오쿠야마 마사시]

클라이브 해밀턴 교수님은 일찍부터 침투 공작의 대항책으로 '공개적 망신 주기'를 제안하셨지요.

[클라이브 해밀턴]

매우 중요한 이슈입니다. 우선 우리가 이해해야 하는 점은 중국 공산당이 서구의 제도 기관과 조직 등의 파괴 그 자체를 목적으로 하지 않는다는 것입니다. 그들은 어디까지나 개인을 노립니다. 정치가와 기업가, 지식인과 평론가를 노리고, 그들을 농락하여 '중국의 친구'로 만듭니다. 그리고 그 나라에서 베이징의 국익을 바탕으로 발언하도록 유도합니다.

중국 공산당의 '위법적 수법'에 대항하기 위해 가장 효과적인 대응은 베이징이 개인에 대해 어떤 공작을 펼치는지, 그 관계를 이해하여 이를 폭로하는 것입니다. 그렇게 하면 '중국의 친구'라고 하더라도 자국 내에서 비아냥식 비난은 받고 싶지 않으므로 친중 발언을 주저하게 됩니다. 그들 중에는 자신이 영향력 공작의 '거미줄'에 갇혔다는 사실을 깨닫지 못한 사람도 있습니다. 그러므로 그들에게 그 사실을 일깨워준다는 의미에서도 '망신 주기'라는 작업은 필요합니다. 그런 '망신 주기' 때문에 호주의 유명 정치가들은 중국계 사업가들과의 만남에 극히 신중을 기하게 되었습니다. 함께 사진이라도 찍히면 그것이 정적에게 공격 빌미를 제공할 수도 있기 때문입니다.

최근 들어 호주의 정치가들은 공작을 자행하는 중국의 통일전선공작부의 움직임에도 매우 민감해 하고 있습니다. 예를 들어 하부 조직의 인물과 부주의하게 사진이라도 찍히게 되면 나중에 들켰을 때 큰일이 나기 때문입니다.

'공개적 망신 주기'에 의해 적어도 호주에서는 개인을 노린 중국 공산당에 의한 공작은 상당히 감소했습니다. 일본에서도, 미국에서도 중국 공산당과의 부당한 관계를 폭로하는 보도가 민주 제도를 지키기 위해 적극적으로 이어져야 할 것입니다.

찾아보기
(캡션, 부록 제외 본문)

ㄱ

가가와 현 167
가렛 에반스 39
간 나오토 164
개빈 멘지스 157
고노 요헤이 39, 163
고이케 유리코 167
골드만삭스 88-90
공자학당 145
공자학원 145-147
광둥성 167
국가안전부 50, 83, 131
국가전망유한공사(SGCC) 139
국가정보법 92
국경없는 기자회 131
국방과학기술기구그룹 143
국제민간항공기구(ICAO) 75, 77
국제연합(UN) 72, 75-77
국제전기통신연합(ITU) 75
국제전략문제연구소(CSIS) 136

국제중재재판소 113
국제탐사보도언론인협회 123
국제형사경찰기구(INTERPOL) 72
군민융합 82, 84, 91, 142, 161, 165
그루지야(조지아) 109
그리스 132, 161
그쪽이야말로어떠한가주의 66

ㄴ

나고야 166
나이지리아 168
나카니시 히로아키 165
남아프리카공화국 98
남중국해 24, 29-30, 95, 113, 128, 159, 171
냉전 39, 100, 109, 140
네덜란드 161
노던 준주 55
노르웨이 94, 98
노벨평화상 94
노스캐롤라이나 주 149
뉴사우스웨일스 대학 85, 106-107, 143-145
뉴사우스웨일스 주 28, 33, 35, 145
뉴질랜드 20, 59, 80, 134
뉴캐슬 항구 55, 57

니와 우이치로 164-165
니카이 도시히로 163
닐 부시 71

ㄷ

다나카 가쿠에이 163
다윈 59
다윈 항구 55
다자주의 72, 77, 112
단백질의 적자 58, 60
달라이 라마 38, 49, 54, 94, 97-99, 147, 174
대만(타이완) 42, 49, 54, 62-63, 71-72, 76, 97, 99, 109, 119, 146, 150, 153, 164, 174, 176
대외연락부 113
덩샤오핑 170
데이비드 캐머런 99
덴마크 98
도널드 트럼프 21, 70, 74, 111-112, 152
도리스 리우 146
도요타 165
도쿄도 167
독일 17, 71-72, 76, 137
돌쿤 이사 72

동야오총 116, 150
드류 파블로 52-53

ㄹ

랜드브리지그룹 55-56, 80
런정페이 82, 85
런즈창 116
로버트 리드 84
로테르담 항구 161
루돌프 샤핑 71
류샤오보 94
리덩후이 99
리먼 쇼크 111, 170
리자오싱 158
리장춘 145
리카싱 139
링크드인 120

ㅁ

마법의 무기(법보) 175
마스크 외교 168
마오쩌둥 82, 110, 132, 151
마윈 91

마이넘버 124
마이크로 스파이 136, 138
마이클 사타 96
마이클 스미스 131
마크 챈들러 84-85
만리방화벽 102, 121
말레이시아 47, 162
말콤 턴불 29
매사추세츠공과대학 85
매튜 카니 129-130
맥마스터 대학 146
머라이커 올버그 17, 171
멀웨어 123, 139
멍완저우 82
멍훙웨이 72
메릴린치 90
멜버른 119
멜버른 항구 55
명나라 157
모건스탠리 90
몬트리올대학 69
문화대혁명 42
미국 16-17, 20-21, 34, 37-40, 43, 54, 62, 66, 69, 71-72, 74-76, 80, 82-85, 88-90, 101, 107, 109, 111-112, 119, 121, 128, 131, 133, 136-140, 144-145, 149, 162, 166-167, 170-171, 176
미국 하원 정보특별위원회 166
미국외교협회 94
미국우선주의 74, 77, 101
민진당 62

ㅂ

바오리(보리)과학기술유한공사 148
바오리(보리)그룹 148
바오리(보리)문화그룹 148
반국가분열법 71
반미 68, 72, 74, 112
방공식별권 29
백신 외교 168
백호주의 35, 158
버락 오바마 74, 170
베를린장벽 109
베이징 뇹 27, 31, 33, 37, 78
베이징 이니셔티브 69
베이징 하계올림픽(2008년) 20, 30, 47, 51
베트남전쟁 156
벨기에 71, 132, 161
보츠와나 168

보편적 가치 77, 100, 116
봅 카 27, 31, 33, 37-40, 47, 78
북대서양조약기구(NATO) 17, 71
북조선(북한) 62, 122
브렉시트 112
브뤼셀 72
보츠와나 99
블랙스톤 88
빅토리아 대학 146
빅토리아 주 55, 139

ㅅ

사드(THAAD) 62
사상 투쟁의 장인 중간지대 110, 172-173
사우스오스트레일리아 주 139
산시성 167
상하이 48, 90-91
색깔 혁명 109
샘 데스티에리 24, 28-30
서양병 100-101
세계무역기구(WTO) 89, 92
세계보건기구(WHO) 72
세계위구르회의 72

세이셸 168
센카쿠열도 159, 165, 176
션원예술단 149
소련(소비에트연방) 102, 174
소프트뱅크 호크스 85
소프트파워 98, 147
수제 52
쉬샤오동 148
스가 요시히데 166
스리랑카 57
스카버러 암초 95
스코틀랜드 98
스티븐 맥도넬 125
스티븐 슈워츠먼 88
시드니 30, 35, 42
시드니공과대학(UTS) 27, 37, 142-143
시드니대학 145
시스코 84-85
시진핑 51, 59, 73, 82, 91, 100, 110, 116, 131, 142, 152, 159-160, 163, 166, 170, 172, 174-176
시티오브런던 90
신장위구르 42, 67, 72-73, 76, 97, 114-115, 119, 123, 129, 147, 150, 175
신화통신사 120, 126, 166

싱가포르 80, 128
쑨야팡 83
쓰촨 대지진 150

ㅇ

아랍의 봄 109
아르헨티나 166
아베 신조 63, 163
아스트라제네카 138
아시아인프라투자은행(AIIB) 37, 161
아이 웨이웨이 150
아이오와주 152
아프가니스탄 20, 66-67
알리바바 91
앙겔라 메르켈 71
애국교육, 민족교육 (애국심, 민족애) 36, 46, 49, 101-102
앤드루 롭 28, 55, 78, 80, 86
앤트그룹 91
앤트워프 항구 161
앨런 앤드 언윈 21
앨릭스 조스키 174
야스쿠니 신사 164
야오한 165

억압피해민족협회 76
언론의 자유도 지수 131
언론인보호위원회(CPJ) 76, 131
에드워드 스노든 111, 139
에릭 루젠달 28
영국 17, 20, 46, 75, 85, 119, 132, 137-138, 145
영향력 공작 107, 151
예청 55
오렌지 혁명 109
오슬로 94
오자와 이치로 163
오카다 다쿠야 165
오쿠다 히로시 165
옥스퍼드대학 85
와다 가즈오 165
왕빙 149
왕이 168
왕치산 89
외국인 공포증(제노포비아) 34-35, 38, 78, 104, 108, 115, 127
우마오당 120
우산 혁명 109
우크라이나 109
우한 20, 63, 122, 166

워싱턴 21
원나라 158
월가(월스트리트) 88, 90
위안양해운그룹 161
위챗 122, 124-125, 166
위후그룹 27
윙키차우 33
유럽연합(EU) 43, 69, 71, 112
유엔개발계획(UNDP) 76
유엔경제사회국(UNDESA) 76
유엔경제사회이사회(UNECOSOC) 76
유엔공업개발기구(UNIDO) 75
유엔식량농업기구(FAO) 75
이라크 침공 111, 128
이방카 트럼프 70
이안 카마 99
이안 클레멘트 47
이온 165
이지스함 48
이탈리아 17, 72, 119, 132
이토추 상사 165
인권 18-19, 35, 41, 54, 66-68, 77. 100-101, 104, 108, 111-112, 115-116, 123, 175-176
인도네시아 43

인류 운명 공동체 101
인민의 적 53, 111
인민전쟁론 82, 151
인민해방군(중국군) 55, 57-58 82-83, 142, 144, 156-157, 161, 171
인종차별(레이시즘), 외국인 차별 34, 78, 104, 108, 115
일·중우호조약 159
일대일로 55-56, 71-72, 74-76, 127, 152, 159-163, 171
일본 19, 25-26, 63, 66, 72, 78, 85, 97, 99, 114, 121, 124-127, 139, 142, 150, 156, 159, 166-168, 173, 176
일본 민주당 164
일본 자민당 163
일본경제단체연합회(게이단렌) 165
일본학술회의 142, 165
일의대수 159, 163
일체화 통합작전 플랫폼(IJOP) 123

ㅈ

자기 검열 54, 133
자오리젠 20, 66
자오상쥐 그룹 55, 57

자유무역협정(FTA) 78, 80
잠비아 96
장미 혁명 109
장잔 122
장-피에르 라파랭 71
재스민 혁명 109
적십자 72
전국선전사상공작회의 172
전국인민대표회의 82
전랑외교 20, 67
전체주의 77, 112
제5열 106
제라드 쿠슈너 70
제브뤼헤 항구 161-162
조 바이든 69
조엘 피츠기번 47
조지 부시(George W. Bush) 71, 90
존 맥컬럼 40-41
존 손턴 89
존 하워드 97
좌파 18-19, 66, 112
주민선 28, 30
줄리아 길라드 28, 97
중공에 부정적인 여론이 지배적인 적대 세력권 110-111, 172-173

중국 공산당과 세계 정당 지도층의 대화 69
중국 공산당의 거점 110, 172-173
중국경제협력센터(독일) 71
중국공정원 142
중국과학기술협회 142
중국과학원 142
중국국방과기대학 144
중국몽 160, 171
중국수출입은행(EXIM) 78
중국은행(BOC) 70
중국인민대외우호협회 152
중국전자과학기술공사 142
중국평화통일촉진회 27
중앙망락안전화신식화위원회 129
중앙선전부 109
중요 인프라 센터 25, 141
중화민족의 위대한 부흥 160
쥐스탱 트뤼도 69
지부티 56

ㅊ

차드 레이놀즈 84
차오량 162
차우착윙(쩌우쩌룽) 31, 33, 156

차이나 페스티벌 148
차이나머니 54, 90, 106, 159, 165
차이잉원 62-63
찰스스터트 대학 18
창장지젠(CKI) 139
천 개의 모래알 계획 136
천안문(톈안먼) 사건 42, 91, 109, 119, 125, 146
천용린 42-44
천인계획 142
천하 170-171
청 레이 130
체코 152
칭화대학 89

ㅋ

캐나다 17, 19-20, 69, 77, 82, 119, 146, 166
캔버라 18, 20, 51
케빈 러드 97
케임브리지대학출판사 134
코로나19, 코로나바이러스 20, 25, 26, 61-63, 95, 112, 116, 166-168, 1709
콩고민주공화국 168

퀸즐랜드대학 52, 145
퀸즐랜드주 52-53
클라이브 해밀턴 17-22, 42, 107, 134, 163, 171
키르기스 109

ㅌ

타이베이 63, 153
탄자니아 168
탑에듀케이션인스티튜트 28, 31
태극권 148
태자당 90, 116
태즈메이니아 주 59
텐센트 124, 150
토론토 166
토론토퓨칭상공회의소 166
통일전선, 통일전선공작부(통전부) 24, 33, 37, 104, 110, 173, 175
튀니지 109
튤립 혁명 109
트위터 120
티베트 20, 42, 97-98, 115, 119, 146, 174-175

ㅍ

파룬궁 42, 97, 111, 146, 149
파이브 아이즈 20
파키스탄 159
판다 포용자 172-173
페이스북 120
포르투갈 132
폴 키팅 39
푸잉 158
푸젠성 175
프라하 152-153
프란치스코 교황 98
프랑스 17, 34, 71, 75, 119, 145
프랑스-중국 재단(불-중 재단) 71
프로파간다 106, 120, 145, 152
피레우스 항구 161
피에르 트뤼도 69
피터 나바로 88
필리핀 95, 161

ㅎ

하나의 중국 정책 152
하디 그랜트 21
하이난성 167
하토야마 유키오 39, 164
한국 62
한국전쟁 156
한의학(중의학) 148
함반토타 항구 57
해바라기 운동 109
해방군정보공정대학 82
해상 자위대 48
허니 트랩 46
허베이성 152
헌터 바이든 69-70
헐리우드 150
헨리 폴슨 89
헬렌 류(류하이옌) 47
호주 노동당 28, 30-31, 41
호주 녹색당 18
호주 자유당 28, 31
호주 팔로군(제8군) 156
호주국립대학(ANU) 51, 144
호주무역조합위원회 78
호주안보정보원(ASIO) 85, 125
호주연구위원회(ARC) 144
호주전략정책연구소(ASPI) 174
호주전쟁기념관 156

호주중국관계연구소(ACRI) 27. 37-38, 78
호중우호교류협회(ACFEA) 33
홍색 문화 수출 148
홍콩 19, 49, 52-54, 67, 91, 109, 115, 146, 150
화교 19, 27, 34, 61, 100, 114, 117-118, 173
화웨이 41, 71, 82-87, 92, 144
화이자 138
화조중심 119
화춘잉 67
황샹모 24, 27-30, 33, 37, 156
회색지대 56
효고 현 167
후지타 건설 165
후진타오 34, 89, 157, 165

[숫자, 영문]

48클럽(영국) 71
5G 71, 83
ABC 방송사 129
BBC 방송사 125
BHR파트너스 70
CIC 캐피탈 55
G77 75
JP모건 90
MI5 46

[보고서, 책, 매체]

'공산당이 당신을 대변한다' 173-174
'공자라는 미명 하에' 146-147
'뮬란' 150
'중국 관련 스파이 사건 보고서' 136
'탑건' 150
「데일리텔레그램」 126
「디 오스트레일리안」 137
「디모인 리지스터」 152
「마이니치신문」 126
「신쾌망」 33
「에포크 타임스」 49
「요미우리신문」 142
「워싱턴포스트」 175
「인민일보」 29, 120, 126
「차이나데일리」 126, 152
「차이나워치」 126

「환구시보(글로벌타임스)」 22, 53

『1421 중국, 세계를 발견하다』 157

『마법의 무기, 뉴질랜드에 침투한 중국 공산당』 171

『보이지 않는 붉은 손』 16, 17, 171, 173

『중국의 조용한 침공』 16, 17, 21-22, 24, 39, 42, 107, 134, 171, 173-174

『판다의 발톱, 캐나다에 침투한 중국 공산당』 171

호주와 중국의 예정된 전쟁
오커스(AUKUS) 군사동맹의 배경은 무엇이었나

2022년 2월 7일 초판 1쇄 펴냄
2022년 3월 7일 초판 1쇄 찍음

집필자	「겟칸하나다(月刊Hanada)」 편집부
감수자	오쿠야마 마사시(奧山真司)
번역자	신희원
편집자	황의원

디자인	미디어워치(미디어실크)
발행인	황의원
발행사	미디어워치(미디어실크)

ISBN	979-11-92014-03-6
	979-11-959158-4-2 (세트)

주소	서울특별시 마포구 마포대로 4길 36, 2층
전화	02-720-8828
팩스	02-720-8838
이메일	mediasilkhj@gmail.com
홈페이지	www.mediawatch.kr

값   18,000원